Marie Griessinger Tapie

TAPIE, COMME BERNARD

Les Presses de la Cité

Les Presses de la Cité, un département Place des Éditeurs
92, avenue de France – 75013 Paris

ISBN 978-2-258-21069-1
Dépôt légal : octobre 2024

À Maurice Lantourne

« Je ne peux pas mourir.
À ma mort, comme ils n'auront pas pu voir mon cadavre, il y aura toujours des gens pour en douter.
Certains m'auront aperçu en Amérique du Sud, d'autres sur des îles… Vous verrez, je continuerai d'exister longtemps. »

Bernard TAPIE

Prologue

15 décembre 2021

Je me recueille dans ta chambre, près de ce lit où je t'ai vu si vivant et si mort. Tu étais l'homme aux mille vies et elles se sont toutes rejointes ici, pour finir ensemble.

En ce moment, des experts sont en bas, à noter chaque objet de la maison. Depuis que tu es parti, les remparts se sont effondrés et il semble que tout soit en train de disparaître avec toi. Ta femme est au centre de cet engloutissement, perdue.

Ils sont là, ceux à qui tu avais fermé la porte pendant tant d'années. Spécialistes de l'art asiatique, du XVIIe siècle, des porcelaines et des tableaux, chacun voué à sa tâche, scrutant chaque objet et le prenant en photo, émerveillé par tant de beauté. « C'est fou, ce qu'il reste, toute la collection est là », soufflent-ils, ébahis et surpris de découvrir ton trésor caché. Oui, toute la collection est là depuis leur dernier passage il y a vingt ans. Que croyaient-ils ? Que tu aurais dissimulé, vendu sous le manteau, touché à la perfection de ton œuvre, défiguré ce que tu avais si amoureusement construit ? Cela aurait signifié que tu pensais une défaite possible.

J'écris ces mots sur mon téléphone, je sens ta présence invisible, j'imprègne ma mémoire de ces lieux qui furent les tiens avant que tout soit emporté. Je suis sur le fauteuil où je m'asseyais toujours quand nous venions te voir les dernières semaines. Tu m'avais soufflé quelques compliments, ces paroles que l'on dit quand on sait qu'il ne reste plus beaucoup de temps. Tu m'avais aussi rappelé ta promesse : « N'oublie pas ce que je t'ai dit quand ton père est mort, tu es comme ma fille. » Tu avais murmuré ces mots tendres qu'on s'échange quand on va se quitter, mais sans jamais parler de la mort. Sans la préparer. Elle aussi était la défaite, l'ultime défaite, que tu ne voulais pas prévoir. Je ne sais pas quand tu as compris que c'était perdu. Probablement quelques jours avant ce 3 octobre, jour de ton décès. Une semaine avant, peut-être, quand ton cancérologue t'avait dit : « Bernard, les chiffres ne sont pas bons. » Pour la première fois tu n'avais pas demandé quels étaient ces chiffres, tu n'avais pas demandé à voir les résultats. Tu n'avais pas questionné. Tu n'avais rien dit.

La nuit est encore loin mais déjà je ne vois plus rien. Je prends les lunettes posées sur la table de chevet, de ton côté. Tes lunettes. Elles sont là, rangées près du Christ. Je les mets, mais ça n'arrange rien. Je passe de pièce en pièce, près du fauteuil, devant la télé où tu restais des heures devant la F1, les matchs, les infos, toujours à zapper et commenter, incapable de regarder un film jusqu'au bout. Combien de fois t'ai-je vu saisir ton téléphone pour intervenir dans une émission ?

J'entre dans ton bureau. Ton désordre ordonné. Il y a toute ta vie étalée sur la table. Les photos de ta femme, de tes enfants et de tes chiens, quelques dossiers, tous les livres que l'on t'envoyait et que tu ne lisais jamais. La pièce est déserte mais tu es là et je te vois comme chaque matin, un drap de bain blanc noué sur le torse, tes lunettes sur le nez, tenant d'une main ton téléphone, de l'autre la presse.

Le craquement du plancher chasse brusquement ton image. Un expert entre pour prendre des photos. Il s'excuse poliment. Sa fonction lui permet toutes les indiscrétions. Je pars, laissant l'intrus dans ton royaume.

AVANT

« C'est sur un bateau que je veux vivre.
Quand on quitte le quai, on oublie tout… »

Bernard TAPIE

1962

Ça commence comme ça se termine.

Des hommes s'abattent sur toi. C'est facile, tu es seul, tu es le déversoir de leur haine, les coups s'enchaînent, tu en rends, furieux, rageur, mais pas assez, ils sont deux, dix, tu ne les comptes plus, tu ne vois plus rien, ton regard se voile, un bandeau de sang te ferme les yeux, tu t'effondres et tu reçois encore la pointe de leurs chaussures dans les flancs quand tu es à terre. Un dernier reste se défouler sur toi, encore plus hargneux que les autres. La porte se ferme, c'est la porte de la cellule du commissariat où passent les petits malfrats, ceux qu'on peut tabasser sans conséquences, ceux que leurs pères ne viendront pas chercher. Ils ont collé des affiches NON À DE GAULLE un peu partout sur les murs du Bourget, mais on ne veut pas les entendre les gars comme eux, on les réduit au silence, à rien, au néant. Ils te laissent sur le sol, cassé, ensanglanté mais pas brisé, non, car déjà tu te relèves et, à cet instant, tu te jures qu'un jour tu seras plus fort que tous ces types réunis, ces flics du commissariat du Bourget mais aussi les autres, ceux du dehors, les puissants, les riches, les éduqués, ceux qui ont pour fortune le pouvoir.

Été 2015

J'attends que le téléphone ne sonne plus, que les enfants soient sortis de table, que tu aies fini de parler à tes chiens, de leur donner des friandises du bout des doigts pour te dire, avec toute la prudence que je déploie quand je m'adresse à toi :

— Bernard, tu me laisseras écrire un livre sur toi, un jour…

Tu me regardes, interloqué. Je continue :

— … sans tout changer derrière… ?

— Évidemment.

Quelques secondes s'écoulent avant que tu enchaînes, très froidement, comme si tu parlais de quelqu'un d'autre :

— Il faut que tu profites d'un événement fort… Ça peut être intéressant que tu racontes comment je m'en suis sorti ou comment j'ai été ruiné, si c'est ce qui arrive…

Tu le dis avec les yeux qui brillent de l'intérêt pour un projet nouveau.

Nous sommes en août 2015. Quatre mois avant la décision du 3 décembre.

J'ai toujours eu l'idée d'écrire un livre sur toi, mais je repoussais constamment l'échéance. J'avais aussi peur de l'enjeu, d'être engloutie, que le sujet du livre m'avale tout entière. Qu'est-ce qui me prend de t'en parler à ce moment-là, à cet instant précis de l'été 2015 ? Est-ce que je ressens une détresse particulière dans ton attitude ? Est-ce que je perçois que s'annonce dans ta vie un bouleversement plus fondamental que les précédents ? Que, pour la première fois, ton destin t'échappe ? Ou est-ce simplement cette chaleur étouffante qui me pousse dans la maison, jusque dans la chambre, vers le clavier de l'ordinateur ?

Tandis que j'écris ces lignes, j'entends ta voix dans le salon, toujours la même, forte, claquante, presque un aboiement ; elle argumente encore face à un avocat. Tu leur demandes de venir, mais finalement c'est toi qui parles, et ils ne peuvent faire autre chose qu'acquiescer, anéantis par tant de puissance mentale, physique, intellectuelle. Ils ont préparé la réunion, ils ont dû y passer des heures, des jours peut-être, ils ont étalé leurs papiers devant eux, mais c'est toi que j'entends, tu es déjà loin de ce qu'ils avaient noté. Car tu y penses la nuit, le jour, chaque minute. On te voit te lever brusquement, prendre ton téléphone, appeler celui qui pourra te donner une information capitale ou simplement pour en convaincre un autre, n'importe quand.

Afin d'éviter le crash, le pilote de l'avion *Solar Impulse* ne dort que par périodes de vingt minutes quand il survole l'Atlantique. Et toi, depuis combien d'années survoles-tu les océans ?

Nous prenons le petit déjeuner et tu t'inquiètes pour ton chien. Tu t'inquiètes pour beaucoup de choses : tes enfants, tes procès, la santé des uns et des autres, mais étrangement c'est sur lui, le gros cane corso à la robe taupe, que tes plus grandes craintes se focalisent. Il a avalé des plantes urticantes et tu paniques, tu commences à engueuler tout le monde : « Qui a laissé la porte du jardin ouverte ? Pourquoi n'a-t-on pas arraché ces fleurs, le chien les mange, ça peut le rendre malade, il pourrait en mourir ! » Tu sembles plus désespéré que jamais. Pour la première fois je sens une panique t'envahir. Face à cette bête énorme, dont la mollesse et les traits disproportionnés font penser à un chien en peluche. Le molosse est couché sur la pelouse parfaitement taillée qui surplombe la baie de Saint-Tropez. Des voiliers blancs défilent au loin. Les silhouettes des goélands cisèlent le ciel. Là-bas, le monde semble si léger.

Soudain, l'animal ouvre les yeux, secoue sa grosse tête grise et commence à se rouler joyeusement dans l'herbe. Ton visage s'éclaire. Tu nous regardes. « Je vous jure que si mon chien partait je partirais avec lui. Je vous le jure.

Parce que c'est le seul être au monde qui ne me pose pas de problème. »

À cet instant, je comprends qu'il n'est pas question du chien, mais du reste, des juges, des politiciens, des pressions de toutes parts et même de tes enfants, car aucun n'est vraiment indépendant de toi.

Ton téléphone sonne, tu décroches, tu saisis ton café, et tu disparais. Ta journée commence.

À Saint-Tropez, tu ne sors jamais, ou exceptionnellement, pour nous faire plaisir. Au royaume où le monde vient pour être vu, tu fais tout pour être invisible. Tu ne supportes pas les chuchotements, les coups de coude, les regards qui se lèvent au-dessus des assiettes, quand tu entres dans un restaurant. Tu détestes être la bête de cirque autour de laquelle on s'attroupe. Alors tu restes reclus dans ton domaine, la villa perchée en haut de la colline, avec tes chiens. Tu as réussi à dénicher le lieu le plus exceptionnel de Saint-Tropez, à convaincre la propriétaire qui au départ ne voulait pas vendre. Cette histoire me rappelle celle d'Adidas. Il s'agissait aussi de femmes, et la clé du succès avait été la même : la séduction. Tu erres dans la maison, de la télé à ton ordinateur, téléphone en main, tel un fauve en cage. Pourtant, c'est toi qui as fixé les barreaux de cette célébrité qui désormais t'aliène. Elle t'insupporte et en même temps te plaît. Ce besoin de reconnaissance ne te quitte jamais. Peut-être vient-il de ton père. De son silence. Il ne t'aura jamais dit bravo. Il est mort sans avoir prononcé ce mot. Ce mot si simple dans la bouche d'un père. Tu reçois chaque jour des félicitations, des messages de soutien de tes fans, mais toutes ces voix additionnées, ces milliers de voix qui t'acclamaient dans les stades ne remplaceront jamais le bravo que tu attendais de lui. On peut construire une vie entière sur l'attente d'une parole.

Cinq lettres auraient pu combler tous les vides.

Aujourd'hui, le téléphone ne cesse de sonner. Dans les journaux les gros titres parlent de toi : « L'homme qui pense valoir 1 milliard. » L'État s'acharne. Tu contre-attaques. Tu portes même plainte contre la brigade financière. Combien d'autres que toi se seraient effondrés ?

Dehors, la nature répand sa quiétude. Rien n'atteint la beauté des lieux. Des fleurs blanches débordent de grosses jarres en pierre. Les oliviers peuplés de cigales couchent, à l'heure de la sieste, leur ombre sur les pelouses. Tu as choisi chaque plante, chaque pot, chaque pierre, créant un paysage digne d'un film, somptueux, magnifique, éphémère. Ici, il faut vivre dans la fragilité de l'instant ; on ne sait jamais ce qui se passera demain. Les procès, les saisies menacent ce fragile équilibre, leur gueule béante prête à avaler le décor.

Depuis ce matin, mes amis me demandent avec inquiétude : « Ça va ? Ce n'est pas trop difficile ? »

J'ignore de quoi ils parlent. Il y a longtemps que je ne regarde plus les informations, la plupart du temps malveillantes, souvent fausses, toujours excessives. Elles nous happent comme une vague et nous recrachent sur leur rivage.

Je leur réponds : « Ça va… Enfin, c'est comme d'habitude. On ne va pas s'affliger à chaque mauvaise nouvelle, sinon on n'en finit pas. »

Je ne sais pas de quoi ils parlent, mais je formule la réponse qui me semble la plus adaptée à ce qu'ils attendent. En réalité, j'ignore si les nouvelles sont bonnes ou mauvaises. Un jour est sombre, l'autre euphorique. Nous oscillons au gré de tes humeurs. Parfois, une certaine lassitude t'envahit, plongeant la maison dans une torpeur inhabituelle.

Ici, toutes les journées finissent en carte postale. Un soleil rose décline sur la baie, emportant avec lui le mouvement de la mer. Les voiliers se sont arrêtés. Bientôt, ils éclaireront la nuit, constellant l'océan d'étoiles habitées.

J'en observe un, à la coque blanche, ancré en face de la maison. Il fait une dizaine de mètres. J'essaie d'imaginer la vie de ses occupants. Leurs plaisirs simples. Des jours passés à courir derrière les vagues. Le sel, le vent. Il est juste en bas de la propriété. Demain, peut-être, il sera parti, loin, très loin, vers d'autres horizons.

Il lui suffit de lever l'ancre pour tout quitter.

Tu pars pour trois jours avec Dominique, ta femme. Tu es désespéré de laisser tes chiens. Après les avoir caressés et avoir donné toutes les instructions les concernant, vous partez discrètement, sans nous dire au revoir.

Dans deux mois la cour d'appel prononcera une nouvelle fois un jugement décisif. Depuis combien de temps attends-tu des jugements décisifs ? On croit toujours que c'est le dernier, mais cela ne s'arrête jamais. Une cour renvoie à une autre, et le civil, et le pénal, des années que ça dure, et lorsqu'on croit que c'est terminé ça recommence. Autour de toi, on ne comprend plus, mais toi tu sais, tu détailles tout, tu connais les livres de droit, la jurisprudence, et toujours tu joues ta vie. Combien de fois ai-je vu cette fatigue, cette fatigue immense dans tes yeux, tes grosses mains frottant tes paupières, combien de fois t'ai-je entendu murmurer « Je suis fatigué » et me suis-je dit « Il ne va pas tenir, l'adversaire est trop fort » ? Tu te bats contre une hydre aux têtes multiples, tu en coupes une, d'autres repoussent, violentes, haineuses, infatigables.

Tu te bats seul contre un État. Il a l'éternité devant lui.

Tu es descendu faire du vélo, un paparazzi t'a poursuivi à l'entrée de Saint-Tropez, et tu l'as frappé. Ta femme déteste cela, quand tu te bats. Les histoires, les problèmes, elle n'en peut plus. Elle te demande :

— Mais enfin qu'est-ce que ça peut te faire d'être pris en photo quand tu fais du vélo ?

— Je ne veux pas, je veux qu'on me foute la paix, je ne vais jamais sur les plages ni sur les terrasses, je ne me montre pas, je ne veux pas, tu comprends ? Je veux juste pouvoir faire du vélo tranquille.

Le chien se couche à tes pieds. Tu le caresses. Parfois, j'ai l'impression que tu ne supportes plus que lui.

À la maison, tu surveilles nos allées et venues. Et tu détestes qu'on sorte. Tu ne comprends pas cette envie d'aller en ville, dans la foule. Quand on va prendre un verre chez Sénéquier, tu nous regardes partir en disant : « Vous êtes comme tous ces cons assis en terrasse à Saint-Tropez pour voir et être vus. C'est ridicule. » Et tu t'emportes : « Je ne comprends pas ce besoin d'aller se montrer. »

On laisse couler, sinon on ne ferait plus rien. Tu aimerais que ton clan reste autour de toi toute la journée, rassemblé. Tu t'affaires dans le jardin, donnes des instructions pour tailler les arbres, changer des plantes de place, tu tapes des SMS, cherches ton chien, t'inquiètes : « Mais où est Dominique ? » Tu prends l'appel d'un journaliste, celui d'un avocat. Tu es debout depuis 4 heures du matin. Tu ne t'arrêtes jamais.

Tu tombes sur un avis de lettre recommandée. Tu le chiffonnes et le jettes à la poubelle, sans le lire.

« On ne peut rien faire. Ils ont décidé de m'abattre. Ce n'est plus du droit. »

« On ne peut pas perdre. On ne peut pas perdre, c'est impossible, tout est contre eux. Juridiquement, c'est impossible qu'ils gagnent. »

Juridiquement. Si tout ne tenait qu'au juridique ce serait si simple ! Ce serait blanc ou noir, pas gris. Pas ce brouillard qui ne se lève jamais.

Nous essayons de ne plus nous laisser atteindre par ces changements d'humeur. C'est épuisant.

Ce soir, nous dînons au restaurant pour fêter l'anniversaire d'une amie. Tu fais l'effort de venir. C'est l'un de ces établissements où l'on réserve plus pour le lieu que pour ce qu'il y a dans l'assiette. Un endroit chic de Saint-Tropez. Tout ce que tu détestes. Tu entres discrètement, choisis une place où les gens ne pourront pas te dévisager. Le propriétaire t'accueille comme une célébrité. Tu le prends par l'épaule. Mais dès le début tu es tendu. Ta petite-fille, ma fille, court sur les rochers le long de la mer. Ça te stresse. Tu demandes qu'elle revienne s'asseoir à table. Puis le repas est servi. Les bulots ont dû passer quelques jours au réfrigérateur, le poisson est surgelé, le serveur ne sert pas d'eau mais remplit sans cesse les verres de vin. Tout cela t'agace. Tu t'énerves. Tu invectives le maître d'hôtel. Un photographe approche. Tu le vois arriver de loin. J'ai l'impression que tu es prêt à te jeter sur lui. Il suffirait qu'il pointe son objectif sur toi. Rapidement, je lui dis : « Merci, mais on ne veut pas de photo », il hésite une seconde, croise ton regard, et part vers une autre table. Le gâteau d'anniversaire met du temps à arriver. Ils n'en finissent pas d'allumer les bougies. Tout au long du repas, la tension est palpable. Tu t'efforces de faire bonne figure pour l'anniversaire de ton amie mais tu partiras juste après le dessert, nous laissant finir la soirée sans toi.

À Saint-Tropez, peu de gens sont invités. Finalement, tu as très peu d'amis. Il n'en reste qu'une poignée, on les compte sur les doigts de la main : ceux qui ont résisté à la ruine, à la prison, aux horribles campagnes médiatiques. Et finalement surtout à toi. Tu es ton pire ennemi. Tu as fait place nette. Pour rester ton ami, il faut supporter tes colères, ton caractère, tes sautes d'humeur.

Bernard Lagarde, ton avocat depuis trente ans, vient déjeuner à la maison. Tu t'impatientes car il a cinq minutes de retard. Tu décides qu'on passe directement à table. On sert à la hâte l'apéritif avant les entrées. Pendant le repas, tu nourris tes chiens, dont les énormes têtes sont posées sur la table, à ta droite et à ta gauche. Ils participent à tous les repas, leurs gueules de molosse happant les madeleines et les tuiles aux amandes. Au moment du café, tu te lèves pour aller voir la Coupe Davis, abandonnant tes hôtes à ta femme. Tu réapparaîtras quelques minutes plus tard, l'œil moqueur.

« Dominique me dit qu'il faut que je vienne vous voir. Alors voilà, je viens vous regarder. »

Tu restes quelques minutes et tu repars devant la télé.

« Je viendrai vous regarder de nouveau un peu plus tard », lances-tu en t'engouffrant dans la maison.

On rit. On a renoncé à t'en vouloir. Faire des manières est à l'opposé de ce que tu es. Ceux qui ne l'ont pas compris sont partis. Tu resteras toujours un ours mal léché. Tu projettes ta personnalité sur tes chiens. Ou peut-être est-ce l'inverse ? Tu n'as jamais voulu les faire dresser.

Pourtant ils ne sont pas sortables, ils se jettent sur les autres chiens, n'écoutent rien. Peu importe. Tant mieux s'ils sont mal élevés. Tant mieux s'ils ne sont pas comme les autres. L'essentiel est de ne pas les changer. Ne rien enlever à leur animalité. Garder l'instinct intact. C'est ainsi que tu fonctionnes. À l'instinct. Il suffit que l'on te cache quelque chose pour que tu tombes dessus.

Aujourd'hui c'est encore le grand déballage. Les médias annoncent une nouvelle mise en examen dans une affaire te concernant. Et sur toutes les chaînes on voit défiler un tas d'individus dont la raison de vivre semble être l'anti-tapisme. Haineux, vilains, interchangeables, ils apparaissent pour casser du Tapie, on ne les connaît que pour cela et ils ne doivent leur célébrité qu'à toi. J'ignorais avant de te rencontrer qu'il existait une catégorie de personnes animée par la seule haine d'un autre, ou à qui ce prétexte permet de ne plus être transparente aux yeux du monde. Tu es leur fonds de commerce et ils ne semblent pas même avoir la moindre reconnaissance du ventre. Un rémora serait moins ingrat.

Cela fait trois semaines que la chaleur est étouffante. Notre seul refuge est le bord de mer. Nous descendons sur le ponton où une brise légère nous permet d'échapper à la torpeur de la maison. De respirer. Le voilier blanc est toujours là, un petit Dinghy accroché à son flanc. J'entends le cliquetis des mâts, le craquement des cordages, l'appel du large. Les bateaux de croisière bon marché défilent devant nous en scandant : « Au-dessus, la maison de Bernard Tapie. » Plus loin, de gros yachts chargent un à un leurs hôtes. Des marins se précipitent pour aider les invités à monter à bord. On assiste au ballet silencieux de figurines miniatures. Les postures polies et figées, les uniformes blancs, les équipages alignés sur les ponts. Ces navires sont si grands qu'ils semblent déserts, même quand ils sont pleins de monde. Depuis le ponton mon regard passe d'un bateau à l'autre, s'attardant sur ces gens dont les vies se croisent, ici, dans la baie de Saint-Tropez. Ils se dévisagent, s'envient, s'ignorent ou se méprisent, ils sont riches ou pas, bobos ou petits-bourgeois sur leurs hors-bord, emmenant pique-niquer leur famille, je les regarde et me dis que tu ne fais partie d'aucun de ces groupes. Tu as quitté celui des pauvres sans jamais être accepté dans celui des riches, et tu n'as jamais mis un pied dans celui des bourgeois. Tu es seul.

Ma fille vient me voir, contrariée : tu viens de la gronder. Elle me lance :

— Mon grand-père, il ne crie pas comme les autres grands-pères.

— Tu sais bien que ton grand-père n'est pas comme les autres grands-pères.

Il y a cette histoire que tu nous racontes souvent. L'été de tes 8 ans, tu faisais du camping en famille. Tes parents vous avaient laissés, ton frère et toi, pour aller dîner avec des amis. Et là tu as eu la première grande peur de ta vie.

La première idée de génie, aussi. Tu as entendu un rôdeur s'approcher de la tente, l'herbe craquer, son souffle contre la toile. Ton frère dormait déjà, et toi tu étais terrifié. Seul et si petit, dans le noir. Alors tu as pris la voix la plus grave que tu pouvais et tu as toussé comme un homme. Toi, le petit bonhomme, tu as fait croire à l'intrus qu'un adulte, un gars plus fort que lui, se trouvait à l'intérieur. Et il s'est enfui.

Il me semble que tu as reproduit cette ruse toute ta vie. Et qu'aujourd'hui encore, malgré ton isolement, c'est l'impression que tu produis sur les gens.

Ce soir, durant le dîner, un incident survient avec les chiens. J'évoque souvent tes chiens, car ils sont un élément central de ta vie. Nous finissons le repas, ils s'agitent autour de la table. Ils jouent mais on dirait qu'ils se battent, avec des grognements, de la violence, leurs masses qui s'entrechoquent. La femelle vient de se faire opérer. Le gros mâle finit par la faire rouler par terre et se jeter sur elle. Elle couine de douleur et tu cours vers elle, tu hurles sur ta femme et sur le chien, le coupable. Tu es furieux, désespéré. Il faudra surveiller les chiens désormais, encore plus que d'habitude. À table tout le monde se tait. C'est le coucher du soleil, la plus belle heure de la journée.

Tu t'absentes pendant deux jours. À partir du moment où tu quittes la maison, tout se détend. Les adultes, les enfants, les chiens, les horaires, on oublie de fermer les portes, on sort, on fait venir des amis. Même le vent s'est invité, bousculant le jardin, décoiffant les buissons. On ne sait jamais vraiment à quelle heure tu reviens. Tout change sans cesse. Alors, doucement, chaque chose reprend sa place à mesure qu'approche ton retour probable. Le soir, quand tu rentres de Paris, un courrier t'attend sur ton bureau. Le fisc te réclame plusieurs centaines de millions d'euros. Tu ne t'attendais pas à une telle somme. Elle ne correspond à rien. Il semblerait qu'on se permette toutes les extravagances quand il s'agit de toi. Il n'y a pas de limite. Avec Tapie, tout est permis. Au fil des ans, les fonctionnaires se succèdent, se passant l'os Tapie à ronger. La surenchère se poursuivra jusqu'à ce que tu t'effondres. On ne te voit pas au dîner. Pourtant Sophie est là, ta fille, ton rayon de soleil. Mais tu restes dans ta chambre, sonné. Ça ne dure pas. Jamais. Le lendemain, quand je me lève vers 9 heures, tu es déjà au téléphone depuis longtemps, ta voix forte mitraillant ton interlocuteur.

Toutes les nuits depuis vingt ans, tu prépares la bataille pour le lendemain.

Plus tard dans la journée, tu chantes dans les couloirs de la maison. À tue-tête. Tu chantes une chanson de ta fille. Comme un homme qui n'a pas de soucis.

De plus en plus souvent, tu commences tes phrases par : « Si on nous prend tout… »

Et elles finissent toujours par une maison au bord de la mer… Tu évoques la Grèce ou le Portugal, mais on n'y croit pas, car tu termines toujours par la France ; tu ne pourras jamais vivre ailleurs. Alors je me dis qu'il faut sacrément que tu l'aimes, ton pays, pour ne pas le quitter après tout ce qu'il t'a fait. Les gens s'étonnent toujours : « Tu aurais dû partir, Bernard… » Mais comment t'imaginer, toi, fuir, renoncer comme un lâche ? C'est tout le contraire de ce que tu es.

En France, tu ne ressembles à aucun riche. Ici, les milliardaires sont riches en silence. La mine contrite, le yacht modeste affichant pavillon panaméen, leurs plus grandes extravagances consistent à créer des fondations. Ça sonne bien, ça donne un côté altruiste, ça attire les gens comme il faut. Toi, tu cries au monde entier que tu as réussi. Le plus beau voilier du monde flanqué du drapeau français, la plus belle maison de Saint-Tropez, tout en haut de la colline qui surplombe le village. Est-ce pour que ton père la voie que tu as choisi une maison si proche du ciel ?

Sophie chante sur la place des Lices ce soir, pour les 10 ans de la mort d'Eddie Barclay. À la fin de sa représentation, la première question que lui pose le présentateur est : « Alors, Sophie, votre père vous a aidée ? » Elle ne cille pas. Elle tourne le dos au présentateur, s'approche de son public et répond simplement en désignant une à une des personnes dans la foule : « Oui, il m'a aidée, comme ton père t'aurait aidé, ou le tien, ou comme tu aideras ton fils… »

Elle a ton aplomb. Cette façon de ne jamais se laisser décontenancer. On ne sait pas vraiment si la question l'a dérangée ou pas. Elle ne montre rien. Ce n'est pas toujours simple d'être l'enfant de Tapie. Les cartes sont faussées d'entrée de jeu.

« Les faits sont indiscutables… Il faut qu'on fasse savoir que… Mais en appel ça ne passera pas… »

Je me lève, et comme tous les matins je passe devant ta chambre dans le débit continu de tes échanges téléphoniques. Quelle énergie perdue depuis tant d'années pour te défendre face à la justice ! Quel gâchis… Qu'aurais-tu fait si tu l'avais dirigée vers de nouveaux projets ? Un autre OM, une autre traversée de l'Atlantique, d'autres victoires du Tour de France ?

Tu nous rejoins au petit déjeuner, que tu as déjà pris trois heures plus tôt. Il s'est passé mille choses pendant que nous dormions. Tu nous racontes. Tu as besoin d'être entouré de ta famille, des tiens, de parler à ton fils.

Tu te plains de la chaleur, tu étouffes, tu étouffes des 35 degrés de l'été, tu étouffes d'être enfermé dans ta villa, tu étouffes de tout. Tu dis : « Je ne suis pas fait pour les maisons, j'ai besoin de vent, j'aimerais vivre sur un bateau, avoir de l'air. »

Mais sur un bateau tu tournerais en rond dans l'ennui, l'ennui d'une vie vidée.

Cela fait trois fois que les chaînes publiques repassent une émission horrible sur toi. Tous les témoignages sont à charge. Nous recevons des messages d'amis, de connaissances, qui nous disent :

Surtout, ne regardez pas l'émission.

Mais nous la connaissons déjà. Tes avocats ont attaqué les chaînes, pourtant le programme est rediffusé quand même. C'est souvent ainsi avant un épisode juridique te concernant. On prépare le terrain. Au déjeuner tu es nerveux. Tu t'emportes sur tout le monde. Parce qu'on ne s'assoit pas assez vite, parce qu'on met du temps à se servir. Tu cries : « Vous voulez peut-être que je vous serve !? »

Tu as des crises subites où tu deviens odieux, pénible, détestable. Sans raison apparente, lors d'un déjeuner d'été ensoleillé, en plein milieu du mois d'août. Je me dis que peut-être tu as encore eu une mauvaise nouvelle le matin. Ou simplement que tu es ainsi, imprévisible, irritable, infernal. J'essaie de comprendre. J'ai parfois l'impression que tu cherches la bagarre, que tu provoques, guettes celui qui répondra, pour l'achever. Comme les fauves, tu es tendu quand arrive l'heure du repas. Dans ces moments-là, on a envie d'être ailleurs et on se demande comment on peut te supporter en tant que père, ami ou mari. Je regarde au loin des voiliers s'éloigner du rivage, leurs voiles fines et courbées ouvrent des parenthèses paisibles. Quand le vent tourne, les parenthèses se referment. Je m'y réfugie. Je suis un petit point sur l'horizon, blotti au creux d'une voile.

Quelques minutes plus tard, la tempête est passée. Tu animes la conversation à table, charmant, passionnant, parlant de tout. Tu nous fais goûter les plats que tu as préparés, car toujours tu fais la cuisine, pendant des heures, avec le même talent et le même souci de perfection que pour tout le reste. Tu évoques encore la possibilité de la ruine. Tu conclus en disant qu'on peut bien enlever son piano à un pianiste, si on ne lui coupe pas les mains rien ne l'empêchera de recommencer à jouer.

En plein repas tu appelles un ami en dépression. La veille, tu en as appelé un autre qui souffre d'un cancer. Tu t'inquiètes pour eux, sincèrement, profondément. Comme tu t'inquiètes pour mon père, très malade. Tous les jours tu me demandes de ses nouvelles, tu appelles des spécialistes, tu relèves les articles où l'on parle de son mal. Tu dis : « Ce n'est pas possible, il y a forcément quelque chose à faire. » Tu dis : « Il faut l'emmener voir la mer, c'était sa vie, la mer. »

Tu cherches la meilleure solution pour le transporter jusqu'à la mer, le lieu qui pourrait les accueillir, lui et le matériel de son handicap. Je te réponds : « Il ne voit plus rien, il ne regarde plus. »

Tu insistes.
Tu ne peux pas te résoudre à baisser les bras.

Aujourd'hui encore, tu as parlé de bateau : « C'est sur un bateau que je veux vivre, quand on quitte le quai on oublie tout. »

Le soir, on entend le bruit des fêtes du voisinage. Elles sont toutes proches mais me semblent si loin. Les musiques arrivent jusqu'à nous, jusqu'au jardin peuplé d'arbres centenaires, de palmiers, d'eucalyptus et de pins parasols. Les voix des fêtards nous parviennent, déformées, propageant un peu de leur joie dans les allées désertes de la propriété. On voit scintiller les lumières des villes comme autant de promesses de dîners entre amis, de lanternes posées sur les tables, de bouteilles de rosé à partager. De désordre et de bruit.

Ici, à 22 heures, les volets se ferment, le salon de jardin est rangé, recouvert d'une bâche soigneusement ficelée, et tu pars te coucher. Dans la maison tout est ordonné, la cuisine immaculée, figée dans l'air glacé de la climatisation. Les soirées se terminent dans les placards, entre les rangées de verres étincelants.

Paris – Combs-la-Ville

C'est le week-end avant le procès. On se réunit à la campagne, chez toi. Comme souvent, nous sommes entre nous. Les enfants te stressent. Tu as peur qu'ils fassent une bêtise et surtout qu'ils se blessent. Dès qu'ils grimpent aux arbres ou s'approchent trop de la rivière, tu t'emportes. Au-delà de cette tension, il y a celle du procès pour lequel tu te bats depuis des mois. Le même que vingt ans plus tôt. Le même. La même pression mais à 72 ans, plus à 50. Tu ne t'y rendras pas, afin que toute l'attention médiatique ne se focalise pas sur toi. Tu ne veux pas perturber le travail des gens de loi. Le juge a été remplacé, tu ne connais pas plus celui-là que le précédent. La presse t'a soupçonné d'être à l'origine de ce changement de magistrat. Le premier qui avait rendu une décision en ta défaveur a eu une superbe promotion. Tu l'avais appris au cours de l'été. Tu nous avais alors fait part de ton écœurement en nous disant : « Ils le félicitent de m'avoir massacré, ils n'ont peur de rien, ils agissent aux yeux de tous dans leur manipulation de la justice. »

Les journalistes n'ont pas fait la même analyse ; selon eux, et c'est ce qu'ils ont écrit partout comme étant la vérité : « Tapie a fait virer le juge. »

Est-ce de la mauvaise foi de leur part, ou est-ce que depuis toujours ils te surestiment, te voient beaucoup plus puissant que tu ne l'es ? Ne voient-ils pas que toutes les juridictions te harcèlent ? Fiscale, pénale, civile ? Que tes comptes sont saisis… ? C'est l'histoire du raclement de gorge dans la tente, cette capacité à paraître plus fort.

Tu repars de la campagne à vélo, 40 kilomètres entre Combs-la-Ville et Paris, le long des champs et des nationales. C'est ainsi que tu fais ce trajet la plupart du temps.

3 décembre 2015

L'arbitrage est cassé.

Ce jour-là, tu penses avoir touché le fond. Tu ne sais pas encore que le pire est devant toi.

L'État te demande le remboursement de tout ce que tu as perçu, incluant les sommes qui ont été payées aux impôts et les intérêts.

Tu dois restituer plus que tu n'as reçu.

Cette décision de la cour d'appel contredit toutes celles qui ont été rendues depuis des années. Je n'arrive pas à penser que cela soit dû au hasard.

J'ai le souvenir de l'été 2011. Tu passais alors tes vacances sur ton bateau, le *Reborn*. Tu étais revenu au sommet. Je te revois sortir ton téléphone qui sonnait dans ta poche et lâcher : « C'est encore Hollande. » Tu le reposais sans répondre. Le bonhomme insistait ; il semblait s'agiter dans tous les sens. Personne, à ce moment-là, n'imaginait qu'il pouvait devenir président. Tu lui témoignais le même mépris que lorsque tu étais au gouvernement de

Mitterrand. À l'époque, il devait déjà l'avoir mauvaise de te voir parmi les ministres, lui qui avait consacré sa vie à la politique. Et je me disais que cet homme devait faire partie de ceux qui ne pardonnent rien.

Parfois, on me dit : « J'aimerais bien rencontrer ton beau-père. »

Je préfère répondre : « Il est très occupé. » Mais ce n'est pas la vraie raison. En réalité je crains tes réactions. En présence d'autres personnes, tu peux être charmant comme odieux, imprévisible. On ne sait jamais ce qui peut arriver.

Été 2016

Nous quittons la France pour les États-Unis.

Nous te laissons.

J'imagine que notre départ fait partie des événements qui ont assombri ta vie ces dernières années. Qui l'ont rendue encore moins tendre. Pour toi, la famille est sacrée et tu n'as pas l'air de comprendre comment ce fils que tu aimes tant a pu choisir de partir si loin en emmenant avec lui tes petits-enfants.

Tu as tout tenté pour le retenir. La séduction, en lui vendant une vie merveilleuse dans le Sud. La mauvaise foi, en nous disant que nous aurions dû choisir la Tunisie, où il y avait tellement de choses à faire, même en travaillant depuis la France. Le dénigrement, en pointant tous les défauts des Américains.

De son côté, Laurent ne comprenait pas comment tu pouvais supporter de rester ici. Lui ne supportait plus l'acharnement médiatique, l'acharnement judiciaire, la jalousie, la haine. Il n'en pouvait plus. Il avait pourtant essayé de te défendre en rencontrant les journalistes, en leur expliquant l'affaire. En vain. Ils s'étaient fait leur propre idée, celle qui les arrangeait, celle qui ferait vendre.

En te quittant, on s'était promis de se rendre visite souvent. Mais on savait bien que toi tu ne viendrais jamais. Ç'aurait été accepter notre départ. Le valider. Réaliser que nous avions bien une autre vie, ailleurs.

Et puis il était évident que tu n'étais pas adapté à l'Amérique. Dès la douane, tu serais devenu fou. Des queues interminables, la rigidité des contrôles. Il aurait suffi que tu tombes sur un agent qui te parle mal pour que cela tourne à la catastrophe. Afin d'éviter les problèmes supplémentaires, nous venons plusieurs fois par an. Et chaque fois que nous repartons tu ne peux retenir tes larmes, tu préfères fuir dans ta chambre plutôt qu'assister à notre départ. C'est la seule occasion où je te vois manquer de courage.

Nous nous éloignons car nous avons besoin de respirer, de sortir du chaos de ta vie. C'est épuisant. Nous partons en Floride. Moi qui ai grandi à Tahiti et en Guyane, je suis heureuse de retrouver cette nature tropicale. De m'y ressourcer.

Quand j'ai rencontré Laurent, j'avais 16 ans. J'avais passé mon enfance loin de la France et je ne savais pas vraiment qui tu étais. Tu inspirais chez mes proches des sentiments mitigés. Tu n'avais pas une bonne image auprès de mes parents, plutôt fans de Raymond Barre. On pouvait difficilement faire plus à l'opposé de toi ! Tu laissais Caroline, l'aînée de mes sœurs et la plus sage de nous trois, complètement indifférente. Seule la benjamine, Nathalie, biberonnée à ton émission *Ambitions*, t'idolâtrait car elle était la tête brûlée de la bande, enthousiaste pour tout et entrepreneuse dans l'âme.

Je venais d'une famille simple, une mère prof, un père océanographe, et l'argent n'était pas un sujet à la maison. Le plus grand frémissement qu'il suscitait dans notre vie paisible était la petite augmentation ou la prime annuelle de mes parents. Ils pouvaient ainsi se concentrer sur l'essentiel à leurs yeux : profiter de leur famille, recevoir des amis et faire leur métier au mieux. Mon père avait pour seule ambition de faire vivre les siens dignement et en toute sécurité, ce qui convenait parfaitement à l'enfant que j'étais. Nous avions la chance que l'argent ne soit pas un problème : nous en avions assez pour rendre visite à mes grands-parents dans le sud de la France tous les étés.

J'avais grandi dans une famille où le bonheur poussait comme une mauvaise herbe sans qu'on ait besoin d'y prêter attention. Il nous suffisait de respirer et de nous retrouver le soir autour d'un repas de ma mère pour qu'il jaillisse, envahisse le moindre interstice de notre vie. À Cayenne, mes parents avaient une Mercedes jaune citron dont les sièges en Skaï nous brûlaient la peau et dont le fond rongé par la rouille laissait entrevoir les irrégularités du sol. Les nids-de-poule et la terre rouge défilaient sous nos pieds quand nous quittions la route principale. Nous croisions parfois sur notre chemin des piaïes, ces vestiges de rites vaudous jetés au milieu des chemins pour lancer un mauvais sort : un coq mort, une bouteille de vin, une bougie. Quand nous prenions la Méhari du bureau de mon père avec ses bâches en plastique faisant office de fenêtres, il arrivait qu'une chauve-souris surgisse à l'intérieur de la voiture. Elle m'arrachait des cris quand elle frôlait mes cheveux.

C'est ainsi que j'avais grandi, dans une maison bordée par la forêt amazonienne, à partager mon temps entre l'école et un ranch perdu dans la brousse, où je parcourais à cheval les savanes et les marécages.

En fréquentant Laurent, je suis entrée brutalement dans un monde où les robes étaient pailletées, où on tutoyait les stars et où aucun jour n'était semblable au précédent. Monter en voiture avec toi a été pour l'adolescente que j'étais un émerveillement. Tu nous emmenais à vive allure vers des lieux extraordinaires, loges du Vélodrome, restaurants chics, émissions de télé, et bien sûr au mépris du code de la route. Quand tu prenais le volant, on se laissait emporter. Qu'importait la destination pourvu que tu nous entraînes avec toi, nous faisant vivre ta vie étourdissante. On embarquait dans ton destin en oubliant un peu le nôtre, grisés comme des gamins sur les épaules de leur père.

J'ai gardé de toi une myriade de souvenirs mémorables. Notre voyage sur l'île de Saint-Martin, dans les Caraïbes, alors que j'avais 19 ans, a été l'un des plus marquants. Nous avions été invités à passer des vacances en famille chez l'un de tes admirateurs. À l'époque, les ennuis avaient déjà commencé, tes comptes étaient saisis et tu étais sous contrôle judiciaire, tu ne pouvais pas sortir du territoire français. Tu avais profité de l'invitation de cet inconnu, devenu depuis un ami. Il t'avait toujours admiré, savait que tu étais dans la difficulté et t'offrait une semaine avec tes proches dans sa maison. Coupés du monde. Enfin, c'est ce que nous espérions.

Tu étais là pour te détendre, pour échapper à la violence du tumulte médiatique parisien, mais tu avais déjà le sentiment d'être un animal traqué. Tu surveillais tout. Qui entrait, qui sortait, qui traînait autour de la maison.

La propriété surplombait la mer et une grande plage déserte. C'était un lieu à part, ouvert sur la nature et sur le large, un havre de paix, un bout de paradis accroché aux rochers sur lesquels les vagues venaient s'écraser. Nous dormions dans des bungalows sans fenêtres, simplement protégés par des moustiquaires, où le chant des grenouilles se répandait la nuit. J'ai aimé cet endroit qui me rappelait mon enfance dans les tropiques.

Un jour, Laurent a aperçu sur la plage, à la lisière de la jungle, des hommes qui observaient la propriété avec des jumelles. Comme il voulait t'épargner une angoisse supplémentaire, il ne t'en a pas parlé et est allé voir lui-même de quoi il s'agissait.

Nous sommes sortis de la propriété par un sentier longeant la côte. Au bout de quelques minutes, nous sommes tombés sur deux hommes, sans doute des journalistes en tenue de ville, en mocassins dans le sable, occupés à ranger leur matériel.

Laurent les a interpellés :

— Vous savez, la personne que vous observez va finir par s'en apercevoir, et ça va mal se terminer pour vous.

— Eh bien qu'« il » vienne ! a répondu l'un des deux hommes.

— Si j'étais vous, je ne dirais pas ça…

Une conversation tendue s'est engagée entre ton fils et ces types, tandis qu'ils cheminaient vers la route. Les esprits se sont échauffés. On s'est arrêtés près de leur voiture garée devant l'entrée de la maison.

C'est alors que tu as surgi.

Tu avais vu, sur les caméras de surveillance, qu'il se passait quelque chose, et tu déboulais d'une course lourde et rapide, tendu. Laurent, les deux hommes et moi étions pétrifiés de te voir foncer dans notre direction, descendre l'allée à toute vitesse, et dans le même élan grimper sur l'immense grille qui te séparait de nous. Le portail, constitué de barreaux verticaux, mesurait bien 3 mètres de haut. Porté par la rage, tu t'es hissé dessus à la force des bras, de sorte que ton tee-shirt s'est déchiré sous l'effort, laissant deux ouvertures béantes au niveau des pectoraux. L'une de tes tongs est restée coincée entre des barreaux.

Cette scène était aussi surréaliste que de voir débarquer l'Incroyable Hulk en claquettes. Tu as atterri devant nous le visage déformé par la colère, le tee-shirt en lambeaux, un pied nu, et sans attendre tu as commencé à tourner autour des types hébétés comme un animal enragé.

— Qu'est-ce que vous voulez, espèces de poubelles ?! leur as-tu craché à la figure.

L'un d'eux, le plus grand, s'est empressé de répondre :

— Mais nous ne sommes pas journalistes !

— Si vous êtes flics, c'est encore pire ! as-tu grogné en lui balançant, d'un geste d'ours furieux, un coup de pied entre les jambes suivi d'un droit.

Le second s'est esquivé, puis engouffré dans la voiture, entraînant derrière lui son collègue plié en deux.

Il s'agissait d'agents des renseignements généraux ; ils étaient chargés de te surveiller. Le séjour s'est terminé au commissariat. Le préfet de l'île a dû écourter ses vacances pour superviser cette affaire. « Quand on m'a dit que vous veniez ici, je me suis demandé pourquoi ça devait tomber sur moi », nous a-t-il dit.

À cette époque, Laurent et moi passions Noël chacun dans notre famille. Je ne savais jamais quand il me rejoindrait chez mes parents, qui avaient quitté la Polynésie pour Savigny-sur-Orge, en banlieue parisienne. En réalité, nous ne pouvions pas savoir quelle tournure prendrait une soirée avec toi. En fonction de ton humeur, et des circonstances, elle pouvait se dérouler parfaitement bien comme virer à la catastrophe. Un soir de Noël, j'ai eu la chance de voir mon mari me rejoindre avant même que le dîner ait commencé. Tu avais balancé par terre le plat de cassoulet que tu avais pourtant longuement mitonné. Quelqu'un avait dû te contrarier. Ou les convives avaient mis trop longtemps à passer la table.

Tu prends les repas très au sérieux. Le week-end ou en vacances, tu pars au marché le matin et décides en fonction de l'achalandage le plat que tu feras pour le déjeuner. Si c'est une paella ou des pâtes aux fruits de mer, tu t'y prends quelques jours plus tôt pour commander au poissonnier les ingrédients nécessaires ; tu tisses des relations chaleureuses avec les commerçants. Il n'est pas rare que je t'entende passer ta commande au téléphone en les appelant « mon bébé ». Et tu prépares tes fonds de sauce, tes crèmes et tes bouillons de crustacés et d'épices de toutes sortes avec soin. Pourtant ta mère faisait une cuisine française basique.

On se demande où tu as pu apprendre tout ça. Chaque information que tu saisis devant une émission, dans un livre, ou juste en observant les autres est enregistrée, captée. Tu t'es construit seul. Tu connais les penseurs, les philosophes, tu es incollable en médecine. Ton fils me dit souvent : « C'est un ovni, je ne comprends pas… »

Été 2017

Après cette année passée loin de vous, nous vous retrouvons pour l'été. Mais cette fois tu es fatigué. Le soir tu ne veux plus nous accompagner nulle part. Parfois nous sortons sans toi et, quelle que soit l'heure à laquelle nous rentrons, tout est éteint et tu dors.

Tu te couches à 21 heures même quand nous sommes en famille, même le soir du 14 Juillet, que nous aimons passer tous ensemble. Les enfants dansent devant la télé et pour une fois une douce agitation s'empare de la maison. Cette soirée se déroule simplement. Enveloppés dans des plaids, nous regardons le direct de la tour Eiffel. La climatisation est à fond et il fait toujours froid pour protéger de l'humidité les tableaux et les tapisseries. Je pense à mon enfance, où il n'y avait rien à protéger, pas de bibelots, pas de peintures, pas toute cette fortune en jeu, et où nous n'avions jamais froid.

Tu nous parles souvent des vacances en famille quand tu étais petit et que vous partiez en camping. Tu nous dis combien tu étais content de traîner des soirées entières avec les autres gosses et combien tes parents semblaient heureux de taper le carton avec les tentes d'à côté. J'imagine que vous deviez aussi passer le 14 Juillet ensemble et que tu flirtais dans l'un de ces bals qui fleurissent l'été.

Je me demande si tu regrettes cette époque. Dans le premier livre que tu as écrit – *Gagner*[1] –, tu évoques ton enfance avec beaucoup de nostalgie, les dimanches en famille où vous preniez place « après le match du dimanche matin, dans la Mona 4 Renault, vieille mais rutilante guimbarde de [ton] père qui [vous] emmenait, selon les saisons, cueillir des jonquilles, du muguet ou ramasser des châtaignes et des champignons ». Peut-être que finalement le bonheur était là.

Ce soir, cinquante ans plus tard, tu es au fond de ton lit, blotti dans tes draps Porthault, pendant que ta famille s'amuse à côté.

Nous entendons quelques pétards à l'extérieur, les feux d'artifice commencent à être lancés de la citadelle. Les enfants sortent en courant et nous les suivons. Dans la villa de Saint-Tropez, nous sommes au premier rang pour le spectacle. D'autres auraient fait une grande fête à cette occasion. Mais nous sommes entre nous et ce soir, encore plus que les autres, nous déplorons que tu sois déjà couché. On se dit que tu deviens rabat-joie, que tu te plains tout le temps, que tu pourrais faire un effort, rester avec nous. Dominique regrette que vous ne sortiez plus du tout. Nous nous plaignons que tu ne passes pas cette soirée avec ta

1. Bernard Tapie, *Gagner*, Robert Laffont, 1986.

famille, alors que nous ne te voyons plus que pendant les vacances.

À la fin de l'été, on découvre que tu as un cancer.

La tumeur fait 3 centimètres de long.

— Comment est-ce possible que vous ne l'ayez pas détectée avant ? Vous n'avez pas eu de gêne, vous n'avez pas fait d'examens plus tôt, vous ne faites pas un check-up tous les ans ?

— Non… J'avais autre chose à penser. Je n'avais pas le temps.

Le lendemain, tu prends l'avion de Nice pour rentrer à Paris. Tu te retrouves assis près de Pierre Arditi.

Tu ne l'as pas revu depuis le film de Lelouch que vous aviez tourné ensemble, *Hommes, femmes : mode d'emploi*. Dans ce film, ton personnage apprenait qu'il avait un cancer de l'estomac et le médecin était joué par… Arditi.

Tu lui glisses à l'oreille : « Pierre, tu ne vas pas croire ce que je vais te dire. Hier, on m'a annoncé que j'avais un cancer, et aujourd'hui je tombe sur toi… »

Arditi est sonné. Une fois de plus ta vie rejoint la fiction, sans qu'on puisse vraiment distinguer l'une de l'autre.

Quand tu étais petit garçon, tu jouais du violon. Tu nous racontes toujours l'histoire du concert salle Pleyel. C'était un événement pour toi, ce concert. Tu étais *monté à Paris* avec tes parents ; ton père et ta mère s'étaient faits beaux pour l'occasion. Pendant tout le trajet, dans la voiture, tu roules nerveusement la partition entre tes doigts. Tu répètes ce geste jusqu'au moment d'arriver dans la salle. Jusqu'à ce qu'on t'appelle pour passer… Ton cœur bat, ton estomac est noué. Je suis toujours étonnée lorsque je t'entends raconter cette histoire car je n'ai jamais décelé en toi le moindre signe de trac avant une intervention en public. Mais là c'est différent. Tu as 8 ans. Tu es l'enfant du Bourget qui vient à Paris. Tu entres en scène, tu repères tes parents. Ton père est là. Il te regarde. Pour une fois, il s'est déplacé pour venir te voir. Il ne vient jamais d'habitude, à aucun spectacle, à aucune manifestation sportive. Il n'a pas le temps, ton père. C'est un ouvrier. Il quitte la maison à 6 heures du matin pour aller travailler, et le soir il suit une formation pour devenir frigoriste.

Le cœur battant tu t'avances sur la scène, ton violon dans une main, la partition dans l'autre. Tu la poses sur le pupitre, à plat, mais elle s'enroule sur elle-même. Tu recommences, tu la lisses encore du plat de ta main d'enfant, mais rien n'y fait, le papier s'enroule de nouveau. Alors tu restes là, au milieu de la scène, honteux et dépité, incapable de jouer ton morceau, les yeux rivés sur ce père qui, ce jour-là, s'est déplacé pour toi.

« Je me fous de mourir. »

Face à nos regards interloqués, tu insistes. « Non mais vraiment. J'ai 74 ans. J'ai tout vécu. Je vous assure que je n'ai pas peur de mourir. De toute façon, je lui fais confiance », lances-tu, le regard vers le ciel.

Autant que je m'en souvienne, ta foi nous est apparue à l'époque de la prison, vingt ans plus tôt. On t'avait réservé un traitement « de faveur », celui qu'on réserve aux terroristes, aux meurtriers : l'isolement. Pour ta sécurité, il fallait te séparer des autres prisonniers.

Lorsqu'on te connaît, on sait que c'est le pire des châtiments pour toi. Être seul. Il n'y avait pas de fenêtre dans ce cachot. Alors tu t'étais couché sur le sol pour respirer l'air sous la porte.

Plus tard, Éric de Montgolfier, le procureur de la République dans cette affaire, dira : « Cela ne méritait pas une telle peine. Mais c'était Tapie. »

Aujourd'hui, face à la maladie, tu tiens, serrée sur ton torse squelettique, ta croix en argent. Et à toute heure du jour ou de la nuit, dans ce lit que tu ne quittes plus, tu reçois les appels de pasteurs qui scandent des encouragements. Nous ne savons que dire. Nous sommes stupéfaits de les entendre t'interpeller bruyamment. Et toi, imperturbable, de leur répondre dans un souffle : « Amen, amen, amen... »

Dans la cour de l'hôtel particulier de la rue des Saints-Pères pousse une plante étrange, une sorte de mauvaise herbe devenue arbuste. Elle ressemble un peu au haricot magique de Jack avec ses larges feuilles et sa tige qui n'en finit pas. Elle prend de plus en plus de place, et répand son ombre tordue sur les pavés gris, au pied de la façade XVIIe. Toi qui es si maniaque, tu refuses que l'on y touche car c'est Arturo, le gardien de la maison, qui l'a plantée avant de mourir d'un cancer de la langue. Tu n'étais pas particulièrement proche de lui. Tu as même dû l'engueuler une ou deux fois parce qu'il avait pris l'habitude de planter tout et n'importe quoi dans la cour : des tournesols, des marguerites, un tas de plantes incongrues ici. Mais quand tu as su qu'il était malade tu t'es inquiété pour lui comme tu l'aurais fait pour un frère. Tu appelais même parfois les équipes de l'hôpital parce que tu trouvais qu'elles ne traitaient pas son cas assez vite. Furieux, tu leur criais : « C'est parce qu'il est portugais que vous le négligez comme ça ? Ce n'est pas quelqu'un d'assez important, c'est ça le problème ? »

La maison de la rue des Saints-Pères est construite en *U*, de sorte que l'on peut se parler d'une fenêtre à l'autre quel que soit l'endroit où l'on se trouve. Et on le fait souvent, comme dans les familles italiennes. Ici, tu peux tout voir : qui entre, qui sort, et souvent tu demandes lorsque tu vois partir ta femme ou l'un de tes enfants : « Où tu vas ? »

Tu me poses aussi cette question quand je m'apprête à quitter la maison et, quelle que soit ma réponse, tu me lances un regard suspicieux, toujours le même, avant que je disparaisse derrière le lourd portail. On trouverait cela étonnant venant d'un beau-père ordinaire, mais venant de toi cela semble presque normal.

La cour est la scène d'un spectacle permanent. Lorsque l'on vit ici, on devient un peu voyeur. On essaie de se détacher, mais on revient irrésistiblement devant les vitres quand on entend des cris, le portail qui grince ou juste les bruits de la ville.

Il n'est pas rare de voir arriver et repartir des personnalités, parce que tu as oublié le rendez-vous. Ou de te voir grimper à la fenêtre quand tu ne trouves plus tes clés.

Mais le plus cocasse est l'épisode Dora !

Dora est une fan qui t'écrit depuis des années. Elle prétend vivre avec toi une histoire d'amour qui selon elle n'est entravée que par un obstacle : Dominique. Elle t'envoie parfois des cadeaux. Vêtements, friandises, petites sommes d'argent que tu lui retournes.

Et un jour Dora débarque avec ses bagages. Je suis seule avec Laurent quand elle sonne. « Je suis Dora, je viens m'installer avec Bernard, on s'aime et il m'attend. » Nous devons appeler la police pour faire cesser ses coups de sonnette hystériques. Entre deux séjours à l'hôpital Sainte-Anne, Dora reviendra parfois, mais se contentera d'attendre des heures avec sa valise sur le trottoir d'en face, immobile et fixant le portail, la pluie coulant sur son visage les jours de mauvais temps.

Laurent doit aussi subir les appels d'un certain Yves Rodin, qui se plaint que tu lui envoies à distance des ondes électriques dans le cerveau. Il a réussi à trouver le numéro de téléphone de ton fils et, quand il l'appelle, on entend crépiter des grésillements que couvre à peine la voix de celui qui s'agite à l'autre bout du fil : « Vous entendez ? *GGZZZZZ*. C'est votre père qui m'envoie des ondes dans le cerveau. *GGZZZZZ…* Il me fait un mal de chien ! *GRRRZZZZ…* Mais j'vous l'dis, ça va pas se passer comme ça ! Moi aussi j'vais lui envoyer des ondes, écoutez : *GRRGGGRZZZZ !* »

On en rit, mais à force ça devient lassant. Quand, n'en pouvant plus de ces appels incessants, Laurent se rend au commissariat, l'officier ne paraît pas plus surpris que ça. Sur son bureau s'entasse une pile de dossiers concernant les fous du quartier.

Août 2017

À la fin de l'été, nous vous quittons pour rentrer aux États-Unis. À peine arrivés, nous devons déjà repartir : un ouragan s'approche de la Floride. Un ouragan de force 5, Irma. Après une vingtaine d'heures de voiture avec les enfants, ma mère et le chien, nous arrivons dans l'hôtel que nous avons réservé à Atlanta. Le seul où il restait des places et où ils acceptaient les animaux. Nous débarquons notre chargement parmi les autres fugitifs, des familles entières, des iguanes et des chats, des perroquets en cage. Notre refuge est une immense tour des années 1960, décorée de moquette marron et moutarde. L'hôtel partage le bâtiment avec CNN et un centre commercial rempli de fast-foods et de boutiques de souvenirs. Certaines chambres donnent sur cette cour couverte, ce gigantesque atrium. Je suppose que ça doit plaire aux Américains, une terrasse sous une verrière donnant sur un centre commercial. Ma mère a l'une de ces chambres et elle s'en réjouit. Du moment qu'elle est avec nous, elle est heureuse. Nous passons une nuit agitée dans ce refuge étrange. Encore victimes du décalage horaire, nous descendons le chien à 3 heures du matin sur les trottoirs vides d'Atlanta. Rapidement, nous arrivons à nous mettre à l'heure locale, mais notre basset Hound a plus de mal. Lasse de voir surgir la truffe de Totoche sur le lit toutes les nuits, je lui donne un somnifère. Comme nous rions en la voyant zigzaguer le lendemain dans les couloirs de l'hôtel ! Nous arrivons au petit déjeuner encore secoués par le rire, et nous nous installons à une table. C'est là que nous recevons le coup de fil de Sophie. Elle est en larmes. « Il n'y a pas que l'œsophage qui est atteint, il y a aussi l'estomac. Une grande partie de l'estomac. »

Sur les grandes baies du réfectoire, un sanglot de pluie glisse sur la vitre.

Nous ne nous sommes jamais sentis aussi loin que ce jour-là.

Septembre 2017

Aujourd'hui, je t'ai eu au téléphone. Je sais que tu es seul à Paris, Dominique est partie quelques jours pour se reposer. Tu me dis :

— Mais non, je ne suis pas seul, j'ai Sophie. Elle passe, elle me laisse ses chiens. Je t'assure que je ne suis pas seul.

— Tu n'as toujours pas fait les examens de contrôle. Tu devais les refaire en septembre.

Tu me dis non. Tu me dis que tu ne veux pas les faire.

— À quoi ça sert ? Je me sens bien. Et s'ils découvrent encore quelque chose ils voudront me bombarder de chimio. Et là je me sentirai mal. T'as l'impression que tu vas bien, et il suffit qu'ils te trouvent un truc pour que ça te rende malade. J'ai bientôt 75 ans. Tu connais les effets des traitements sur quelqu'un de mon âge ? Si j'avais 40 ans, ce serait différent. Mais là…

Je suis toujours étonnée par ton calme et ton pragmatisme face aux événements les plus violents.

Je t'ai appelé pour prendre de tes nouvelles, mais c'est toi qui m'as rassurée.

Tu croises François Hollande dans les rues de Paris. Il s'enquiert de ton état. Tu lui balances froidement : « Vous osez me demander comment je vais ? »

Janvier 2018

L'opération a duré huit heures.

Ils t'ont enlevé les trois quarts de l'estomac, ouvert la cage thoracique, sorti un poumon pour découper l'œsophage. Il était prévu que tu restes quinze jours à l'hôpital, comme c'est l'usage pour une personne normale. Mais au bout de trois jours tu demandes à sortir. Dans toute leur carrière, les médecins n'ont jamais vu une telle faculté de cicatrisation.

Très vite, et malgré leurs conseils, tu te remets à manger de tout. Sans mâcher suffisamment. Cela te rend malade. Tu es d'une humeur exécrable. Mais tu ne lâches rien. Tu décides de reprendre le vélo un mois après l'opération. Tu forces tellement que tu finis avec une hernie. Au moment de t'opérer, les médecins s'apprêtent à te faire une anesthésie générale. Tu refuses. « Les anesthésies sont mauvaises pour l'organisme. » Tu demandes à te faire opérer sous anesthésie locale. Une heure après, tu nous envoies une photo de toi debout, souriant, les pouces en l'air.

Été 2018

La maison surplombe la baie de Saint-Tropez.

Tu n'es pas installé dans Les Parcs, le fameux lotissement pour milliardaires. Tu as cette villa unique au sommet d'une colline, isolée, où tu peux voir sans être vu. Tu aimes regarder les bateaux, les yachts qui viennent s'amasser dans la baie. Tu les connais tous. Comme dans tous les domaines auxquels tu t'intéresses, tu vas au fond des choses. L'œil collé à la longue vue, tu fais des commentaires. Tu dis, en parlant des armateurs, souvent des hommes d'affaires : « Avec le fric qu'ils ont, tu peux croire qu'ils n'ont même pas le pavillon français ? Celui-là pèse des milliards et il a fait construire son bateau dans les chantiers chinois, alors que nous avons les meilleurs en Europe. Le *Phocéa* battait pavillon français, je l'ai fait entièrement construire à La Ciotat, j'avais un équipage français et ils ont réussi à me coller un procès dessus… Non mais j'ai été vraiment trop con ! »

Souvent, tu ressasses le passé. Tu ne parles pas de regrets, mais ils sont là, tout le temps ; ils affleurent à la surface des mots.

Tu regardes encore les bateaux, celui-ci est trop large, celui-là trop haut, « on dirait une chaussure de ski ». Tu dis : « Il n'y en a aucun aussi beau que le *Phocéa.* » Et quand Bernard Arnault amarre le sien juste en bas, tu lances : « Tu ne crois pas qu'il le fout là pour me faire chier ? » Et tu rentres dans la maison en fulminant.

Lorsque tu l'as découvert, le *Phocéa* n'était qu'une coque vide, une épave amarrée à Tahiti. Et tu en es tombé amoureux. Tu as su voir le potentiel, malgré l'apparence, malgré l'histoire tragique du voilier. La petite étincelle cachée que personne ne distingue. Dans le football, c'était pareil. Deschamps, Barthez, Stojković, autant de pépites enfouies dans l'ombre et que tu as su dénicher. Tu es celui qui a décelé en eux les futurs champions. D'ailleurs, quand Deschamps et Desailly t'ont rendu hommage devant des millions de téléspectateurs après avoir gagné la première Coupe du monde, tu as été très ému. Il n'était alors pas à la mode de dire : « C'est grâce à Tapie que nous sommes là. » Ils en ont eu le courage. Ce courage que seuls des champions peuvent avoir.

Tu te sens fatigué. Tu te décides enfin à aller faire les examens de contrôle. Apparemment, tu n'as plus rien. Tu es heureux car tu as de nouveaux projets.

Automne 2018

Une de mes amies proches est atteinte d'un cancer du sein. Depuis quelques mois, son état n'est pas bon. Je te la présente et tu es très touché par son cas. Lorsque je l'invite à la maison, tu l'emmènes dans une pièce isolée pour lui parler. Et tu l'encourages. Mon amie, ma très chère amie, a 40 ans et un petit garçon de 4 ans. Après l'avoir rencontrée, tu appelles les professeurs que tu connais pour qu'ils s'occupent d'elle, tu fais tout ce que tu peux.

Un peu plus tard, je t'annonce ce que je viens d'apprendre.

— On a découvert des tumeurs au cerveau et dans les poumons, maintenant. La chimio est sans effet. La radiothérapie ne sert à rien. Ce n'est pas bon.

— C'est trop tôt pour savoir, tu me dis en t'emportant. Les médecins ne savent pas, ils ont dit dans un mois.

Je n'insiste pas. Tu arrives à me convaincre que j'ai dû mal comprendre.

Hier, je te rappelle car mon amie a été hospitalisée. Les tumeurs ont encore grossi. Elle a fait une embolie pulmonaire. Sa famille me prévient que les médecins n'envisagent pas de sortie de l'hôpital. Nous nous attendons au pire. Quand je t'en parle tu es déjà au courant depuis deux jours car tu téléphones régulièrement à son mari.

Tu t'énerves, tu me secoues, tu as l'air de m'en vouloir de baisser les bras. Tu me renvoies un message :

Rien n'est perdu… Au contraire. Elle va faire de l'immunothérapie…

Je ne comprends plus. Avons-nous les mêmes informations ? Sommes-nous confrontés à la même réalité ? Là, j'aperçois la force qui te porte depuis toujours, cette capacité à ne pas te laisser impressionner, ton éternel optimisme, cette faculté à te battre jusqu'au bout. Je me rappelle tous les événements que tu as traversés, et je te revois, inébranlable, quelle que soit l'annonce : la ruine, la prison, le cancer… Quel que soit l'adversaire auquel tu étais confronté, je te vois rester debout. Tu as le pouvoir de croire que tout est possible, que tout est faisable, de continuer à avancer, à rêver, à faire des projets.

N'est-ce pas finalement la seule façon d'y arriver quand on part de rien ? Est-ce de l'inconscience ou de la naïveté ? De la folie ?

Où cela t'a-t-il mené ?

Décembre 2018

C'est assez troublant d'assister de loin aux événements. On prend soudain un certain recul, on voit les choses avec plus de froideur.

Nous regardons tes émissions depuis les États-Unis.

Dernièrement, tu as enchaîné les interviews avec les journalistes Ruth Elkrief et David Pujadas, avec l'équipe de *C'est à vous*. Tu accueilles les Gilets jaunes dans tes locaux, tu commentes, tu débats… Tu donnes ton avis sur tout. On se demande pourquoi. On se dit : « Il va encore les énerver, les juges, la PJ, l'État, à apparaître ainsi, combatif, gouailleur, menaçant… » On se dit que la dernière fois que tu t'es frotté à la politique, ça ne t'a pas vraiment porté chance, alors à quoi bon ? On pense que c'était peut-être mieux qu'ils te croient malade encore pour quelque temps, parce que l'on s'imagine, naïvement, qu'ils ont un peu d'humanité.

Laurent parle souvent de cette discussion que vous aviez eue en famille au printemps 1992. Celle qui a changé le cours des choses.

Tu avais réuni tes proches, tes enfants, ta femme, et tu leur avais dit : « Je veux être ministre. Mais si c'est le cas je ne peux pas garder Adidas. Qu'en pensez-vous ? » Je ne sais pas vraiment ce qu'ils avaient répondu, mais ta décision était prise.

Ce jour-là, tu as renoncé à Adidas pour être ministre de la Ville pendant quelques mois. Et pire. Tu étais tellement excité par la politique, par la bienveillance de Mitterrand à ton égard, par les nouvelles perspectives qui s'ouvraient à toi, que tu avais négligé la cession de ta société, tu avais laissé faire, déjà à mille lieues du business, te voyant au gouvernement, maire peut-être, ou encore plus. Tu as laissé tomber Adidas, une des plus belles marques mondiales, pour la politique comme si tu passais d'un jouet à l'autre. Tel un enfant gâté que tu n'avais jamais été. En réalité, tu obtenais enfin la reconnaissance que tu avais toujours recherchée, et elle t'était donnée par cette figure patriarcale qui t'impressionnait et que tu respectais : François Mitterrand. Grâce à lui, tu n'étais plus « un marchand de pompes » mais un ministre d'État.

Tu es allé au premier Conseil des ministres comme, gamin, tu étais allé à ton concert de violon salle Pleyel. Tu avais mis ton plus beau costume. Lors du Conseil, tu as tout suivi avec attention. Quand est venu ton tour de parler, tu es intervenu longuement pendant que les autres ministres se passaient des petits mots comme des enfants dissipés et distraits. Pour la première fois depuis le début, Mitterrand a levé les yeux.

Il a écouté attentivement ton projet pour la Ville, celui que tu avais préparé soigneusement pendant des jours, et que tu présentais avec éloquence et passion, sans une fausse note.

À la fin du Conseil, Kouchner t'a fait passer un message : *Bernard, tu viens de te faire beaucoup d'ennemis.*

Jeudi 24 janvier 2019

La PJ a débarqué à 7 heures ce matin. Ils sont 12, envoyés par le juge Tournaire. Comme vous ne répondiez pas assez vite, ils ont cassé un carreau de la cuisine pour entrer rue des Saints-Pères.

Leur chef est carrément désagréable.

Tu lui dis :

— Vous ressemblez à Tournaire.

Il te répond :

— Ça me flatte.

Tu lui balances :

— Ça ne m'étonne pas.

Le décor est planté pour une petite comédie qui va durer la journée. Ils fouillent partout, montent même dans l'appartement des enfants. Tu nous appelles aux États-Unis et pour la première fois tu dis à ton fils cette phrase que l'on n'aurait jamais imaginé sortir de ta bouche :

— Qu'est-ce que vous avez bien fait de vous barrer ! Ils sont déchaînés. Tu ne peux pas savoir… L'équipe est sympa, mais le chef est un vrai connard… Ça se lit sur sa gueule ! Et puis ils se croient tout permis, ils peuvent harceler, maltraiter les gens, il n'y a aucune sanction… Mais moi je vais leur faire une de ces pubs, tu vas voir ! Ils cherchent partout, je ne sais pas quoi… Ils veulent mon autre téléphone, mais je n'en ai rien à foutre, de toute façon je suis écouté en permanence depuis des années. Qu'est-ce que j'en ai à foutre qu'ils prennent mon téléphone ?

Un silence.

— Ils savent peut-être que j'ai mis 1 milliard de bijoux de côté…

On t'entend rire au bout du fil.

— Et comme ils ont pris de la valeur y en a pour 1 milliard et demi. Mais ce qu'ils ne savent pas c'est que je les ai mis dans mon cul quand ils sont arrivés ce matin !

Tu es mort de rire. Laurent te répond :

— Fais gaffe, ils sont capables de demander un mandat pour aller fouiller dedans !

— T'as raison… J'en ai avalé, des carats !

— Ah, en fait c'est ça ton cancer de l'estomac, c'est tous les carats que t'as bouffés !

— Oui, et c'est mon chirurgien qui a tout piqué !

Les rires reprennent de plus belle. Tu finis par te calmer.

— Bon, mon bébé, je te rappelle après, quand ils seront partis.

Ce jour-là, l'équipe du juge Tournaire saisit ton ordinateur et copie tout ce qu'il y a dedans, pour le procès pénal qui aura lieu en mars et dans lequel Tournaire représente l'accusation.

Tu leur dis :

— Mais en prenant le contenu de mon ordinateur vous

allez prendre connaissance de tous les éléments de ma défense, de tous mes échanges avec mes avocats !

— Mais non, ne vous inquiétez pas, on ne regardera pas, te répondent-ils.

Dans la soirée, Sophie nous appelle. Tu as eu une brusque chute de tension. Il a fallu appeler le Samu.

Une banderille de plus s'est plantée dans ton cuir.

Cette nuit-là, vous ne dormez pas.

Le moindre bruit vous alarme.

À 3 heures du matin, vous voyez de la lumière dans l'escalier de service, entendez des bruits au-dessus de chez vous. Dominique enfile un peignoir et court à l'étage, pensant que la PJ est de retour. C'est juste Sophie qui rentre de soirée avec des amis.

À 5 heures, de l'animation dans la cour, un va-et-vient incessant. Vous vous levez, inquiets. Sont-ils revenus, vont-ils cette fois casser la porte ? Il s'agit seulement d'une voisine qui part en voyage.

Le lendemain arrive une lettre de la banque.

Vos comptes sont gelés.

Nous sommes à deux mois du procès pénal. Il durera quatre semaines.

La guerre d'usure a démarré.

Nous n'arrivons pas à savoir ce qui se passe réellement. On ne dit pas tout au téléphone. Parce que vous êtes sur écoute. Parce que vous voulez aussi nous épargner les tourments quotidiens. Nous avons des bribes d'information, nous essayons de deviner. Dominique nous dit : « Il est stressé, il est très stressé. » Je me demande comment, après deux cancers, on peut subir tout ça. Quand il vous reste juste un petit bout d'estomac.

Je me demande comment ça va finir. Et quand.

Lundi 11 mars 2019

Le procès pénal débute. Trois mille journalistes ont demandé une place pour assister à l'audience. Le grand cirque médiatique peut commencer. Il y a dix jours, *Le Monde* sortait une nouvelle polémique. C'est toujours avant un procès important que cela se passe. Histoire de semer le trouble. De ternir encore ton image. Sorti de nulle part, un de tes anciens collaborateurs d'il y a vingt-cinq ans dénonce des matchs truqués.

Je ne regarde pas les infos françaises. On me dit que tout le monde en parle. Que ça passe en boucle sur BFM TV. Je ne regarde pas. Dans deux mois on ne s'en souviendra plus et ce sera autre chose.

Aujourd'hui, le 11 mars, je vois dans mon fil d'actualité qu'une baleine a avalé un plongeur en Afrique du Sud. L'homme est resté enfermé quelques secondes dans sa gueule, dans le noir complet. Puis a été recraché. Cette nouvelle m'amuse. J'en parle aux enfants au dîner. En m'endormant je me dis que tu es aussi dans un trou noir. Te recrachera-t-il un jour ?

Ce matin, Sophie a appris que son sponsor pour le rallye des Gazelles, Chérie FM, venait de la lâcher. Quelques jours avant le départ. À cause du procès en cours. Aucun des frais ne sera pris en charge.

C'est le premier jour d'audience. Un troupeau de fonctionnaires piaffe d'impatience, attelé à la tâche : t'achever. *Le Canard enchaîné* annoncera dans la semaine que l'affaire Tapie a déjà coûté 500 millions d'euros à l'État rien qu'en frais de justice. Pour nourrir et blanchir ce petit monde qui s'agite. Cette situation est absurde. Vingt-cinq ans de procès pour dépenser en fin de compte ce qu'ils voudraient que tu rembourses.

Tu deviens fou car tu as l'impression que les journalistes ne rapportent que les données fournies par la partie adverse.

Je suis cela de loin. Je t'imagine t'agitant dans l'arène. Et je pense à ta santé. À cette anxiété qui contamine ton corps.

Je me demande comment tu vas te sortir de là.

Mardi 12 mars

Tu parles pendant quatre heures. Tu monopolises l'attention, la parole. Tu sors content du procès. Mais n'en as-tu pas trop fait ? La presse relate cette journée en disant que les juges t'ont « laissé parler ». Un peu trop. J'ai l'impression que les médias ne seront heureux que quand tu seras muselé. Qu'ils préféreraient te voir sous chimio, en train de crever.

Mon père aurait eu 77 ans aujourd'hui. Il était le contraire de toi. Timide, discret, d'une humilité maladive. Mon père, l'océanographe. Je pense à lui, toujours si franc : il avait confié à Laurent qu'avant de te connaître il te prenait pour un voyou. Lui, qu'on ne remarquait jamais trop dans les dîners, sauf lorsqu'il s'agissait de prendre ta défense. Je souris en pensant aux malices de la vie qui vous ont fait vous rapprocher, vous les extrêmes, assis côte à côte pour attendre sur les bancs de la maternité la naissance de vos petits-enfants. Je me souviens de ta détresse quand il est tombé malade ; tu avais remué ciel et terre pour trouver une solution, tellement désemparé de ne rien pouvoir faire.

Comme il serait malheureux te voir ainsi aujourd'hui !

Mercredi 13 mars

Tu prends encore la parole au procès. Tu as demandé à Laurent et à Dominique d'être présents. Pour ne pas être seul.

À un moment, la salle t'applaudit. La juge remet tout le monde à sa place. Ton fils t'a trouvé très bon. Moi, je suis inquiète.

Jeudi 14 mars

Ma mère passe vous voir. Tu déjeunes seul dans la cuisine avant de partir à l'audience. Elle te dit qu'elle a une barre dans la poitrine depuis le début du procès. Tu lui réponds : « Comme j'aimerais avoir une barre dans la poitrine et que tout soit fini. »

Le parquet requiert cinq ans de prison ferme.

Nous prions pour que la juge soit intègre.

Dominique me dit à son sujet : « Son visage est fermé, on ne peut rien voir. Elle n'exprime rien, mais elle a l'air sérieuse et professionnelle. »

Nous espérons.

Le parquet, c'est l'État, et l'autre partie une banque d'État. Comment lutter ? Tu rentres à la maison sonné et épuisé. Tu manqueras l'audience pendant deux jours.

À la fin du procès, *Le Nouvel Obs* s'étonne qu'une banque publique ait pu posséder des sociétés offshore. Cela fait vingt-cinq ans que tu le clames haut et fort. Aura-t-il fallu en arriver là pour être enfin entendu ?

Ces quatre semaines de procès sur les épaules, tu pars à la campagne à vélo. Trente kilomètres. Tu n'as jamais renoncé à faire ce trajet, même les semaines de chimio. Une fois, tu t'es fait heurter par une voiture, tu as atterri sur le capot. Tu étais encore dans les vapes lorsque les pompiers sont arrivés. Et quand l'un d'eux s'est penché sur toi pour te demander ton nom, tu lui as répondu : « Tu te fous de ma gueule ? » Et tu as repris ton vélo.

Ce week-end-là aussi, comme celui d'avant, comme tu le feras encore malgré les chimios, les coups de fatigue, la pluie. Et, ce week-end qui conclut le procès, tu as préparé une paella pour tes proches et on t'a contacté pour un projet de spectacle. Et tu étais heureux de tout cela.

À l'école, un enfant dit à mon fils que son grand-père va aller en prison. Les gens confondent réquisitoire et verdict. Le petit essaie à plusieurs reprises de m'appeler. Je n'entends pas le téléphone sonner.

Nous avons quitté la France pour échapper à cela. Il semble que nous ne soyons pas encore assez loin.

23 mai 2019

Je t'appelle. Il arrive parfois qu'on se parle tous les deux quand l'un ou l'autre va mal. Cela fait quelques jours que tu es presque aphone et je ne sais pas pourquoi j'ai choisi ce moment-là pour te téléphoner. Tu viens de faire une émission chez Ruth Elkrief ; Laurent et moi t'avons regardé depuis les États-Unis. On a trouvé ta voix ridicule. Cassée, aiguë, ne correspondant plus à ton image. On a ri bêtement de t'entendre parler ainsi.

— Alors, qu'est-ce qui se passe avec ta voix ?

— J'ai fait une biopsie, le médecin me dit que c'est peut-être cancéreux. Il me dit neuf chances sur dix. Mais tu sais quoi, je n'en ai rien à foutre, j'en ai tellement marre de tout. Sinon, comment vont les petits ?

Je suis sonnée. J'essaie de répondre, je bafouille quelques mots sur les enfants, mais avant que j'aie eu le temps de me ressaisir tu me dis :

— Je peux te rappeler ? J'ai un appel et je dois le prendre, je te rappelle.

Et puis le silence. Neuf chances sur dix.

J'appelle Dominique. J'ai envie de l'entendre me dire que tu as exagéré. Que le médecin n'a pas dit « neuf chances sur dix ». J'ai envie qu'elle me dise que tu en rajoutes. Mais elle ne sait pas. Elle ne sait pas précisément ce qui s'est passé entre lui et toi. Elle n'était pas là.

Plus tard, dans la journée, le verdict tombe. C'est un ganglion cancéreux. Laurent me l'annonce, effondré. Il me dit : « Le ciel m'est tombé sur la tête. » J'essaie de le rassurer. Je rappelle Dominique. Puis je téléphone à ma mère, à ma sœur. Je vais regarder sur Google : *ganglion – cancer – cordes vocales*. J'ouvre la première fenêtre qui s'affiche. Je lis rapidement... Stade 3 ou 4 : corde vocale paralysée. Est-ce de ce cancer qu'il s'agit ? Tu as une corde vocale paralysée. Alors ce serait au moins le stade 3... J'imagine que chercher sur Google est la dernière chose à faire. Mais les médecins disent qu'ils doivent se réunir, qu'ils te reverront dans quatre jours. Comment attendre jusque-là sans savoir ? Nous sommes comme toutes les familles qui viennent d'entendre ce genre de nouvelle.

Perdus.

Tu dis à ta femme que tu ne veux plus faire de traitement. Je me demande si ta voix redeviendra comme avant. Je me demande ce qu'il restera de toi si tu ne peux plus parler.

Finalement, tu vois les médecins. Tu as décidé de te battre. Ils prévoient chimio puis radiothérapie.

Tu leur demandes :

— Et pourquoi pas les deux en même temps ?

Ils te répondent que c'est très dur à supporter, que tu es déjà faible.

— Est-ce que faire les deux en même temps augmente les chances d'éliminer le cancer ?

— Bien sûr, mais…

— Alors je ferai les deux, et pour la chimio je veux la dose maximale.

Ils acquiescent, inquiets. La première fois, tu as déjà très mal supporté la chimiothérapie. Et à ce moment-là tu avais encore tout ton estomac. Mais ils savent que c'est inutile de discuter. Tu es seul face à eux. Seul face à ta maladie. Tu n'as pas voulu qu'on t'accompagne. Ni ta femme ni tes enfants. Tu es seul. Comme quelqu'un qui monte sur un ring. Comme toujours. Le lendemain, tu repars à vélo à la campagne. Les traitements commenceront quatre jours plus tard.

Tes amis te supplient d'arrêter de te miner pour tes procès.

Mais si tu lâches, ils saisiront tout. Il suffira que tu mettes un genou à terre pour que les chiens se déchaînent. Et que la curée commence.

« Si ça se passe mal, ce n'est pas le cancer qui aura tué mon père. C'est la France. C'est vingt-cinq ans de harcèlement incessant comme personne n'en a jamais subi. »

Il n'y a pas de mots pour décrire le regard de ton fils lorsqu'il prononce cette phrase.

Je tombe sur un article te concernant sur Internet. Il figure au milieu de tous ceux qui annoncent le retour de ton cancer. *Mediapart* révèle qu'un joueur de foot roumain t'accuse d'avoir truqué un match il y a vingt-cinq ans. Je me dis que ce n'est pas possible, cet article doit être là par erreur, il doit dater d'avant. D'avant qu'on te dise au plus mal, très malade, en rechute, rongé par le cancer. Quel journaliste peut sortir ça en connaissant *ton* actualité ? Pourtant, il s'agit bien d'un article du jour. J'ai soudain la nausée. Je ne pensais pas qu'on pouvait tomber si bas.

Ma fille m'appelle de l'école. Elle a 11 ans.

— Mes amis me disent que Daddy a triché dans un match de foot, qu'il va encore aller au tribunal. Est-ce que c'est vrai ?

Je ne sais même pas quoi lui répondre. Je suis atterrée.

— Non, ce n'est pas vrai. C'est une histoire qui remonte à vingt-cinq ans. Le type n'a aucune preuve. Encore un qui veut vendre son livre. Dis-leur de te laisser tranquille, dis-leur que ton grand-père est très malade.

À cet instant, je regrette de ne pas lui en avoir parlé avant qu'elle parte en cours. Afin qu'elle soit armée pour répondre. Je regrette de l'avoir mise dans une école avec un programme français. Comment aurais-je pu imaginer que de tels ragots arriveraient jusqu'ici ?

Aujourd'hui, tu recommences la chimio.

Pour bien distinguer les trompettes au sein de l'orchestre, il ne faut pas se mettre trop près. Au début, nous ne le savions pas. Nous nous précipitions vers les premiers rangs. Tout au plus voyait-on le dos du chef d'orchestre, les clarinettes et les flûtistes. Il aura fallu deux ou trois concerts pour que nous pensions à remonter la salle pour nous installer plus haut. Il ne fallait pas se placer au centre non plus. L'idéal était de s'installer sur le côté. Ainsi pouvions-nous distinguer parfaitement notre fils parmi les six ou sept trompettistes de l'orchestre. C'était la première fois que nous le voyions apparaître ainsi en public. Que nous avions assez de recul pour le contempler.

Ce qui m'a d'abord frappée, c'est sa silhouette, sa chevelure dense. Puis cette façon de monopoliser l'attention. De parler sans cesse à tout le monde. De faire des grimaces. De déranger les autres. De les faire rire, aussi. De n'être jamais au repos. D'être excessif, toujours. De ne pas écouter. Et soudain d'être concentré, les sourcils froncés, au moment de commencer. Et puis le son. Celui de son instrument au-dessus des autres sons. Plus puissant, plus clair aussi. La ressemblance était frappante. Un mélange de séduction et d'imprévisible. Un être à part, incontrôlable, déroutant, énervant.

Je n'étais pas certaine de savoir si l'on devait s'en réjouir ou pas. En réalité, je ne suis pas sûre qu'avoir été ainsi t'ait jamais rendu heureux. Tu as toujours eu une affection particulière pour Louis. Petit, déjà, on décelait chez lui tous les signes qui pouvaient le rapprocher de toi. Son regard noir, son tempérament, une certaine malice qui s'exprimait parfois et nous faisait rire.

On me demande souvent comment tu étais avec tes petits-enfants.

Tu étais à leur disposition pour parler de leurs problèmes quels qu'ils soient, tu leur transmettais des valeurs et ils savaient qu'ils pouvaient toujours compter sur toi. Ainsi que beaucoup de grands-parents, tu avais une rigueur qui rassurait les plus jeunes.

Mais tu n'étais pas le grand-père qui se mettait à quatre pattes pour jouer avec eux. Il t'arrivait même d'être agacé de voir Laurent passer autant d'heures à s'occuper de Louis et Eva, comme le font les pères des nouvelles générations. Tu devais penser qu'un chef de famille avait d'autres choses à faire, et c'était autant de temps en moins que ton fils te consacrait. Quand les enfants étaient petits, tu étais d'abord content de les retrouver, puis tu les regardais de loin, imposant ta discipline et les règles strictes de la maison. Tu t'agaçais s'ils monopolisaient trop l'attention, particulièrement celle de Dominique.

La seule fois où je t'ai vu faire une activité avec l'un d'eux, c'est le jour où tu as décidé de partir pêcher avec Louis. Et cet après-midi qui s'annonçait banal a été l'un des moments les plus mémorables de sa vie.

Le petit, qui avait alors 6 ans, était passionné de pêche et tous les week-ends, chez toi, à la campagne, il essayait de capturer le gros brochet, le « monstre » de la rivière. Il en rêvait toutes les nuits jusqu'au samedi dans l'espoir de réaliser cet exploit. Pendant un an, il y a consacré tous ses week-ends, aidé par ton frère cadet Jean-Claude, un pêcheur aguerri. Chaque dimanche, ils élaboraient tous les deux des stratégies, changeaient de places, d'appâts, d'hameçons, de cannes à pêche…

Campé dans un fauteuil du salon, où tu animais les conversations, tu assistais d'un œil distrait à cette relation qui se renforçait et tissait entre ton petit-fils et ton frère une complicité croissante. Jean-Claude devenait peu à peu pour Louis un autre grand-père. Cela devait commencer à t'agacer, car un dimanche où Louis passait devant toi, tu t'es levé et tu l'as pris par la main en disant : « Allez viens, aujourd'hui on capture le brochet ! »

Et ce jour-là, après deux lancers seulement, vous l'avez eu.

Comme souvent, ce sixième sens t'avait guidé et t'avait dit qu'à ce moment-là le poisson serait à vous. Je me souviens du bonheur de mon fils, de ses hurlements de joie quand il a couru chercher l'épuisette pour saisir le monstre.

On a tous des souvenirs de bons moments passés avec nos grands-parents. Ils se résument souvent à une sensation de quiétude, de partage, à l'odeur d'une tarte qui sort du four, aux mains calleuses d'un grand-père, aux parties de Scrabble, à une table mise avec amour. Mais avec toi ce n'était pas suffisant. Il fallait que tu mettes du grandiose dans chaque partie de notre vie, de l'aventure, du drame, de l'exaltation, de tout, mais pas de l'ennui.

Juin 2019

La nouvelle série de chimios commence. Quinze jours plus tard, tu es déjà pâle et amaigri. Nous te retrouvons dans ta maison de campagne. Tu te sens fatigué, tu dors mal. Mais tu tiens à te lever et à cuisiner pour toute la famille. Tu nous lances : « C'est comme ça que je peux m'en sortir. »

Ta voix est faible et on doit se taire pour t'entendre. Tu es heureux que nous soyons tous autour de toi. Tu animes le repas.

Tu nous dis que les rapaces te tournent autour en vue d'une possible liquidation de *La Provence*. Tu dis que tu as l'habitude.

Tu dis : « C'est fatigant d'être le gibier pendant vingt-cinq ans… »

Dehors, les roses ont éclos. Il y en a de toutes sortes, ouvertes et odorantes, que tu as choisies toi-même. Ce moulin est la maison où tu te sens le mieux. Ce n'est pas la plus luxueuse mais elle est à taille humaine, entourée de rivières et de champs où tu aimes te promener avec tes chiens, épier les hérons, les lièvres, surprendre au détour d'un ruisseau les familles de ragondins. Ici, dans cette quiétude apparente, tu attends, saison après saison, que tombe la prochaine décision du tribunal.

9 juillet 2019
Décision du tribunal correctionnel de Paris
– affaire du Crédit Lyonnais

Ce jour-là, je t'ai vu heureux comme jamais depuis des années. Et j'ai compris pourquoi tu t'étais entêté à te battre sans baisser les bras. Ces années de combats, de défaites, d'humiliations, de stress et d'espoir, tout ce temps à en perdre la santé ont soudain pris sens à la minute où une femme, une juge, a prononcé le mot « relaxe ». À partir de cet instant, il semble que le monde se soit retourné : la presse s'est mise à t'adorer, certains à regretter, les journalistes ont scandé le droit à la présomption d'innocence, d'autres t'ont avoué en avoir pleuré de honte. Oubliées, les calomnies et les insultes ; tu étais lavé, blanchi, réhabilité par ce beau monde, qui t'agitait à nouveau comme un hochet et se réjouissait pour toi et la « justice », tout en restant quand même rassuré que tu sois toujours endetté et malade. On aimait à nouveau Tapie, et plus que jamais car c'était désormais une victime, ruinée et cancéreuse qui plus est.

Tu t'es amusé à les regarder s'agiter, et nous avons savouré tous ensemble les journaux télévisés. Mais, le soir, lorsque nous t'avons quitté, tu n'as pas pu t'empêcher de nous dire : « Plus je connais les humains, plus j'aime mes chiens. »

Je ne pensais pas que le parquet ferait appel de la décision pénale de relaxe.

D'abord parce que cela n'avait aucun impact sur le remboursement qui avait été demandé au civil. Au contraire, l'appel bloquait de nouveau les sommes qui devaient servir au remboursement. En faisant appel au pénal, l'État se privait ainsi de 100 millions d'euros de recettes immédiates. Je croyais naïvement que le but était de récupérer l'argent. Je ne comprenais pas. Comment pouvait-on s'acharner à ce point ? Et pourquoi ? L'opinion semblait pourtant se réjouir de voir enfin une issue à cet interminable procès. On parlait du « procès de trop ». On déballait les sommes engagées par l'État en avocats, enquêteurs, procédures. Qui aurait pu penser que le parquet ferait appel ?

Toi, cette décision ne t'a pas étonné. Tu l'avais prédite dès le départ. Mais, quand l'appel est tombé, cela t'a mis un coup. Il fallait repartir au combat, en pleine chimio et radiothérapie. Recommencer.

Août 2019

À la fin de l'été, Laurent t'a annoncé que nous voulions revenir en France. Qu'il ne pouvait plus supporter de vivre cela à distance. Qu'il voulait être près de toi. Il te l'a dit au téléphone, j'étais près de lui et j'ai entendu ton cri de joie, ta voix cassée, tes larmes.

Le lendemain, tu lui as dit de renoncer à cette idée, qu'on ne devait pas tout abandonner pour lui, renoncer à nos projets, déraciner les enfants si brutalement. Tu nous as demandé d'attendre et de réfléchir.

Quand, quelques jours plus tard, nous sommes rentrés dans ta chambre pour te faire part de notre décision, tu étais déjà couché. Une lumière douce t'éclairait à peine. Tu étais allongé sur ton lit, soigneusement enveloppé dans tes draps, la tête posée sur un gros oreiller. Couché à 22 heures, prêt à dormir, le visage lisse et pâle, le teint cireux. Nous t'avons dit que nous ne rentrerions pas tout de suite, que tu avais raison, qu'il était plus raisonnable d'attendre un an, que nous avions écouté tes conseils.

Tu nous as répondu que c'était la bonne décision, tu étais très content que nous l'ayons prise. Tu nous as dit : « C'est beaucoup mieux comme ça. Laurent viendra me voir de temps en temps », et tu en as rajouté des tonnes dans cette joie de ne pas nous voir revenir tout de suite. Nous étions soulagés car cela nous arrangeait.

Tu nous as accompagnés dans la cour, tu nous as regardés traîner nos innombrables bagages, tu nous as vus nous éloigner, ouvrir le grand portail, et tu es resté là, pendant quelques minutes, jusqu'à ce que notre taxi arrive. Nous ne faisions plus attention à toi, nous étions déjà ailleurs, mais quand je me suis retournée avant de refermer la portière, je t'ai vu la tête appuyée sur la porte de la cuisine comme un enfant qu'on vient de gronder. Je t'ai vu, le teint gris et les traits tirés, nous fixer jusqu'à ce que le véhicule nous emmène.

Nous faisons la queue pour monter dans l'avion en partance pour les États-Unis. Au contrôle, un agent s'adresse à mon fils avec un grand sourire : « Votre grand-père, c'est un battant. C'est un grand homme, votre grand-père. »

Ce sont ces mots que nous emportons en quittant la France.

Mai 2020

Nous revenons nous installer en France en pleine période de Covid. L'éloignement n'est plus supportable, encore moins avec les restrictions de déplacements. C'est un véritable périple pour rentrer à Paris. Nous faisons dix heures de voiture pour atteindre un aéroport encore ouvert, celui d'Atlanta. Les lieux sont complètement déserts et notre retour prend une allure étrange. Nous déambulons dans les halls étincelants et vides, traînant nos bagages, notre basset et le sac de notre chat dans cet univers glacé. Le cancer nous attend à l'arrivée.

Été 2020

Durant tout l'été, la maladie te rend irascible.

Tu vis mal l'affaiblissement de ton corps, qui t'entraîne inéluctablement vers la fin. Toi qui semblais invincible, tu assistes à l'effritement lent de ta puissance. Tout l'été, tu tournes en rond dans ta maison de Saint-Tropez, à l'affût. La présence de squatteurs sur le ponton attenant à la propriété fait partie des choses qui t'ont toujours contrarié. Ils s'étalent, mettent la musique à fond, abandonnent des mégots et des déchets. Tu les repères du haut de la colline, tu fulmines. Tu ressembles à un chien de garde à qui on aurait arraché les crocs. Furieux, tu finis par descendre te frotter aux intrus. Du jardin, nous assistons impuissants à la scène : tu débarques parmi les jeunes, les invectives, tu t'agites d'un air menaçant. Ta silhouette est frêle mais ta détermination est intacte. Nous sommes trop loin pour entendre ce que tu dis, voir distinctement ce qu'il se passe. À cette distance, tu n'es plus qu'un vieillard qui s'agite. Brusquement, l'un des hommes se lève, te bouscule et t'envoie à la mer.

Il n'y a aucune gloire à jeter un vieux malade d'un ponton… sauf si le type s'appelle Tapie. Je sais à quel point cet incident a dû te blesser. Nous n'en parlerons jamais avec toi. Nous ferons comme si cela n'était jamais arrivé.

La perspective du mariage de Sophie n'arrange rien à ton irritabilité. À l'instar de tous les garçons qu'elle t'a présentés, ou presque, tu trouves que celui-ci n'est pas à la hauteur. Et, comme chaque fois que tu n'es pas à l'initiative d'un événement, tu fais tout pour le contrarier. Tu refuses d'abord que cela ait lieu chez toi, à Saint-Tropez, et quand tu finis par t'y plier tu fixes un tas de limites. Pas de tables sur les pelouses, pas de soirée, pas d'invités à l'intérieur de la maison, pas, pas, pas… Tout ce qui peut signifier « pas de mariage ». Sophie a voulu hâter la date. Elle ne peut imaginer se marier sans toi. C'est le genre de précaution que l'on prend quand un membre de la famille est gravement malade. Au matin des noces, tu es d'une humeur infecte et nous craignons le pire pour le déroulement de la journée.

Finalement, pour faire plaisir à ta fille, tu joues le jeu. Tu apparais, beau et digne avec tes cheveux blancs et ton costume bleu, des lunettes noires sur le nez. Mais, à la mairie, quand l'officier prononce l'union des époux, tu avances vers la fenêtre en traînant les pieds d'un air désespéré et tu fais mine d'aller te jeter à la mer. Ton instinct ne te trompe pas : le mariage ne durera que deux ans.

Avril 2021

Une nouvelle perquisition a lieu. À Paris mais aussi à Saint-Tropez, cette fois. Et ce sont des magistrats belges qui commanditent. Généralement, ils emboîtent le pas à la France, mais pour s'en distinguer ils en font encore plus.

Ils cherchent *le coffre*, partout.

Mai 2021

Les coups reprennent. Comme il y a soixante ans, quand les flics « cassaient du coco ».

C'est un week-end comme les autres au moulin, après une semaine de chimio. Un week-end où, déjà, tu ne viens plus à vélo. Plus la force, si maigre, séché par le cancer. La parenthèse de la fin de la semaine, du vendredi au dimanche, comme deux bras se refermant sur vous, vous abrite des autres jours, vous deux, elle et toi, avec les chiens. Ton bonheur. C'est là que tu cuisines pour tes enfants, ton frère et sa femme, tous les dimanches, c'est la maison des quatre-quarts chauds et des crèmes caramel de Dominique, quand la famille se réunit. C'est là que tu te sens intouchable, l'endroit chéri.

Ils sont quatre, cachés dans le parc sans doute. Ils attendent que les lumières s'éteignent, se glissent par l'une des fenêtres sans alarme, vous surprennent dans votre sommeil, vous plongent la tête sous l'oreiller, vous frappent, vous ligotent. Ils la prennent elle, pour la traîner dans la maison, cherchant *le coffre* eux aussi, encore, et dans chaque pièce la tabassent.

— Où est le coffre ? gicle de leur bouche haineuse.

— Il n'y a pas de coffre, répète-t-elle.

Et, non, il n'y a pas de coffre. Juste des fenêtres qui ferment mal, et toi tu t'en fiches car tu te sens intouchable.

Ce sont des gars de banlieue, et c'est ce qui te fait le plus mal. Plus que les coups et l'œil injecté de sang. Tu leur dis :

— Mais je viens du même endroit que vous, je vous ai toujours défendus !

— Ta gueule, te jettent-ils à la figure. Tu te la fermes.

Ce soir-là, tu perds ton refuge. Et tes racines.

Est-ce qu'on se remet de ça ? Je ne pense pas. Pourtant, quelques jours plus tard, tu nous lances : « J'ai tourné la page, c'est passé. »

Tu retournes au moulin, sans plus jamais pouvoir y dormir.

Dominique ressort traumatisée de cette agression. Elle se rappelle le moment où les malfrats t'ont secoué et où tu leur as craché au visage.

À cet instant, elle a pensé que c'en était fini de vous, qu'ils allaient vous tuer.

Faible, à moitié nu, rongé par le cancer, tu as tenu tête, encore.

Tu as été tellement odieux ces derniers temps que je me disais : « Comment écrire un livre sur lui ? » Je n'y arrivais pas, car souvent on écrit avec le cœur.

Tu n'étais déjà pas facile, mais la maladie te tordait les tripes, et les médicaments aussi, sans doute. Parfois tu n'étais que rancœur, énervement, aigreur. Tu aboyais sur Dominique et Sophie, de plus en plus possessif, leur en voulant peut-être de les voir s'éloigner à mesure que le crabe t'emportait.

Tu étais tellement imbuvable que j'arrivais au stade où l'on oublie ce que l'autre a été, où l'on essaie de se rappeler les moments tendres et légers mais où ils semblent déjà trop loin.

Il m'a pourtant suffi d'un instant pour te retrouver.

C'était il y a quelques heures. C'était ce matin.

Dominique est sortie lorsque nous arrivons pour récupérer notre fille aux Saints-Pères. Nous montons avec Laurent te dire bonjour et te trouvons en train de ramasser les petits coussins brodés éparpillés sur la moquette de ta chambre. Car elle adore les petits coussins et les beaux couvre-lits. Laurent se baisse pour t'aider mais tu l'arrêtes.

— Non, non, tu ne sauras pas faire. Elle est maniaque, tu sais…

Tu es si maigre dans ton pyjama. Le coton du tee-shirt est fin et on voit les os, les bras maigres, l'absence de muscles et les mouvements au ralenti. Tu as déjà tiré les draps et la couverture en mohair, le couvre-lit brodé par-dessus, et tu poses les coussins un à un.

— Je lui ai dit de se tirer… Elle est infernale, je n'en peux plus.

Mais toute l'application que tu mets dans tes gestes nous crie le contraire.

— D'abord les deux rectangulaires. Puis les deux carrés, et les ronds sur le côté.

Dominique est sortie. Elle a besoin de respirer un peu de temps en temps, d'échapper à ton contrôle. « Où es-tu ? » « Que fais-tu ? » « Pourquoi tu sors encore ? » « Pourquoi as-tu besoin de sortir tout le temps ? »

Tu oscilles entre adoration et exaspération dès qu'elle t'échappe ou te contredit. Si tu as l'impression qu'elle ne s'occupe pas assez de toi, tu fulmines, tu lui parles mal, tu rages. Si un homme s'approche de trop près, tu fais des crises de jalousie. Et même lorsqu'elle câline votre petit-fils ou consacre du temps à vos petits-enfants, tu ne le supportes pas. Tu dois rester le centre de son attention. Avec la maladie, cela a pris une autre ampleur : tu ne veux qu'elle, tu as l'impression que le médecin la drague, tu veux qu'elle reste près de toi jour et nuit. « C'est comme ça, un couple ! » cries-tu avec la voix du cancer.

Je parle à Laurent : « Ta mère ne va pas tenir, ton père ne la lâche pas, il est odieux, elle est épuisée. » Il acquiesce, sans plus. Il ne réagit pas et personne ne réagit car, même au fond de ton lit de malade, même squelettique, même incapable de marcher, tu décides de tout.

Depuis toujours, de toi Laurent ne retient que le bon. Il connaît chacun de tes défauts mais il les excuse tous car il porte en lui tous les soirs de match, tous les exploits et les records, le Tour de France, le *Phocéa*, les empoignades et les bagarres. Tout ce qui a fait battre son cœur de petit garçon lorsque, dans ton sillage, il parcourait la France.

Juin 2021

Les tumeurs gagnent du terrain. Le cerveau, les reins, les côtes. On vient de t'opérer du visage pour t'enlever 8 centimètres de peau atteinte. La chimio devrait se poursuivre mais pour l'instant tu n'en veux plus. Quand certaines tumeurs diminuent, d'autres repartent. Désormais tu n'arrives plus à monter d'une traite l'escalier des Saints-Pères. Tu t'arrêtes deux fois pour reprendre ton souffle. La radiothérapie t'a brûlé le torse. Tu débutes les séances de cryothérapie pour le premier rein. Tu souffres tellement que tu promets de ne pas faire le second.

Soudain, Laurent et Dominique commencent à prendre conscience de la gravité de la situation. Comment peuvent-ils avoir fermé les yeux jusque-là ? Laurent ne cessait de répéter : « Mon père est trop fort. Le cancer finira par lâcher. Il va se lasser, il va se dire "Il est trop coriace, celui-là…" » Ses interlocuteurs ne répondaient rien à cela. Dominique nous appelle. Elle semble tomber des nues. Le professeur Spano, ton oncologue, a dit que tu ne serais peut-être plus là d'ici la fin de l'année. Il a fait cette moue qui voulait dire que c'était possible. Face à la surprise de ta femme, je comprends à quel point elle te plaçait sur un piédestal. Comment a-t-elle pu ne pas voir venir ? Je raconte cela à mon fils le soir. Il me dit : « Mais peut-être qu'on peut continuer comme ça, en traitant tumeur par tumeur. Il peut réussir. »

18 juin

Nous te retrouvons le lendemain de ta dernière radiothérapie. Je remarque le teint jaune, les traits tirés. Tu montres ta poitrine, tu dis : « Je n'en peux plus, ils m'ont tout brûlé. » Tu penses qu'il n'y a plus rien à faire. Tu nous annonces que finalement tu veux continuer la cryothérapie, si quelqu'un veut bien te la faire. « Tu comprends, c'est dangereux, ils se dégonflent tous… S'ils me ratent moi, ça se saura forcément, donc ils préfèrent ne rien faire. Je tente tout, tu comprends ? » Tu en parles avec détachement, en préparant le repas pour Dominique et toi. Tu t'agites un peu tout en remuant la cuillère dans les casseroles et rapidement tu changes de sujet, intarissable, toujours, quand tu parles à ton fils. « T'as vu les régionales ? Quelle cata si le RN gagne le Sud ! Ce n'est pas possible, on peut pas laisser faire ça ! Alors je vais aller à la télé parce qu'il faut que les gens sachent, tu comprends, que là ils ont mis tous les anciens du FN dans l'équipe. Les gens doivent en prendre conscience. Les FN du départ, ceux qui parlaient d'un "détail de l'histoire"… Alors je vais aller à la télé et tu vas m'accompagner, Laurent, et on va les défoncer. » Tu accompagnes ces derniers mots d'un geste de boxeur, un coup de poing dans l'épaule de ton fils, toi et ta radiothérapie de la veille, toi et tes tumeurs qu'on ne compte plus, toi et ta peau sur les os.

27 juin

Dimanche. Tu viens de regarder le grand prix de F1 avec Laurent. Je monte avec Eva te dire bonjour. Comme de plus en plus souvent, tu es allongé dans le lit. Une assiette de crêpes au sucre est posée sur tes jambes. Toutes les deux minutes, tu en prends un petit bout.

— Je n'arrive plus à manger, je ne peux plus. Là, je sens que je suis à bout. Je n'ai plus d'énergie. Or l'énergie c'est tout.

Tu me parles avec tellement de lucidité. Ton visage est éteint et l'on distingue tout au travers.

— Je n'arrête pas de penser à ton père. À ce qu'il a subi, et je me dis que je veux tout sauf vivre ce qu'il a vécu. Je veux que ça aille vite…

Tu te tournes vers la petite.

— Tu sais, ton autre grand-père, il ne parlait pas beaucoup, il ne la ramenait jamais, mais c'était un mec épatant, un mec génial, un grand scientifique.

Tu lèves les pouces pour illustrer ton propos. Les larmes me montent aux yeux en repensant à lui et à cause des mots que tu dis à Eva, de ta voix malade, cette voix qui s'éteindra sans doute bientôt et qui parle de mon père. Un silence s'installe, alors je cherche quelque chose de plus gai à dire.

— Tu sais, j'ai vu une interview d'Ophélie Winter, elle a raconté qu'elle était tombée amoureuse de toi pendant le film *Hommes, femmes : mode d'emploi*, que tu avais dû l'embrasser dans une scène et que tu embrassais super bien. Elle a dit que malheureusement tu étais le seul homme qui ne trompait pas sa femme…

Tu souris, tu racontes à la petite :

— Je n'avais pas dit à Dominique que j'avais dû l'embrasser dans le film. Et c'était sorti dans *Voici*…

Il rit.

— Je me suis pris une avoinée !

Nous rions tous les trois puis brusquement tu reprends ton sérieux. Tu te tournes vers Eva :

— T'es vraiment belle, et en plus t'es intelligente… C'est très important, tu sais, pour une femme, dans ce pays, d'être intelligente. Alors il faut que tu t'en serves, pas comme ta mère qui ne fout plus rien, dis-tu en me lançant un regard rapide, car tu me reproches toujours d'avoir arrêté de travailler. Ta mère, elle a un talent d'écriture et elle ne s'en sert plus.

Puis tu t'adresses à moi :

— Tu sais, si c'était toi qui faisais un scénario sur ma vie, alors là je serais d'accord.

Je me tais parce que tu ne te souviens pas que je suis en train d'écrire un livre sur toi. J'ai tellement peur que tu le lises et que ça ne te plaise pas. Peur que tu m'en veuilles et qu'on se sépare comme ça.

Juin 2021 : 64 kilos.
Juillet 2021 : 62 kilos.

Août 2021

Tu passes l'été dans ta maison de Saint-Tropez. Je dis « ta » maison, mais on ne sait plus très bien. Elle est saisie, je crois. C'est un juge belge qui t'en a interdit l'accès. Et une cour française qui t'autorise à y passer l'été. Au mois d'août, tu reçois un arrêté d'expulsion. D'où vient-il ? Je ne sais pas. Les condamnations pleuvent depuis si longtemps. Menaces, sommations de payer, notifications, amendes, scellés, saisies, comptes bloqués. Sans cesse, tous les jours, depuis des années. Soit tu les ignores, soit, pour celles qui te paraissent les plus graves, tu trouves une solution, tu appelles, tu contournes, tu répliques, tu trouves la faille, tu gagnes du temps. Jamais tu ne baisses les bras.

Nous rentrons d'un mois de voyage professionnel aux États-Unis. Un mois, et déjà nous ne te reconnaissons plus. Il a suffi de quatre semaines pour que le crabe te ronge le visage. On nous dit que tu tombes. Toi, le castagneur, tu tombes. Toi qui refusais la morphine, tu la réclames désormais plusieurs fois par jour. Laurent est sonné. Pourtant, tu lui dis : « Laurent, je la conduirai ta Delage D12, et je ferai un record… Le circuit de Montlhéry, t'en penses quoi ? Ça aurait de la gueule, tu ne crois pas ? Tapie bat le record du circuit de Montlhéry dans la voiture de son fils ! » Tu ris, un sourire démesuré sur ton visage osseux. Tu ris mais ton corps ne bouge plus. Toute la journée, Dominique y appose des compresses de froid, d'argile, de ce qui pourrait dissiper la douleur. Et la nuit aussi. Elle ne dort pas. Tu la veux près de toi, tout le temps. Tu te lèves, tu allumes, tu as peur.

Tapie a peur.

Désormais, nous dînons sans toi.

Toi qui as toujours été si attentif aux repas, si ponctuel à t'asseoir en tête de table, à ta place. Nous attendons, mais tu ne viens pas. Tu es couché dans le canapé, tu te lèves et tu t'approches de la table. Et chaque jour c'est le même rituel. Dominique se lève, elle s'approche de toi et te propose de venir.

— Tu es sûr que tu ne veux pas déjeuner avec nous ?

Et chaque jour tu t'agaces de l'entendre te poser cette question à laquelle il ne t'est plus possible de répondre oui. Tu l'engueules :

— Tu ne vas pas me dire ça tous les jours ?

Ce soir, Laurent a pris ta place, en tête de table. Quand tu es arrivé pour t'asseoir avec nous, tu l'as vu à ta place, tu as vu toute ta famille installée comme si déjà tu n'étais plus là, et tu n'as rien dit.

Laurent s'est précipité pour te laisser ton siège, tu es resté quelques secondes. Et tu es parti.

À la fin du mois d'août, nous quittons tous la maison de Saint-Tropez sans savoir si nous y reviendrons un jour. Tu as si peu mangé ces derniers temps que tu es transféré à la Pitié-Salpêtrière, où tu vas à contrecœur.

Tu ne quittes plus tes enfants et ta femme. Tu ne veux qu'eux. Ta grande fille Nathalie a apporté une soupe chinoise. Comme chaque jour, elle arrive avec un de tes plats préférés. Mais tu y touches à peine. Alors elle coupe en deux chaque ravioli pour t'aider à avaler. Rien n'y fait. Laurent et Stéphane, tes deux garçons, te préparent pour la nuit. Chacun saisit délicatement l'un de tes pieds pour t'enlever tes chaussures. Lentement, ils défont les lacets. Tu les regardes. Dans ta bouche, les questions reviennent. Les questions de maintenant.

« Qu'est-ce qu'on va devenir ? »

« Qu'est-ce qu'on peut faire ? »

« Qu'est-ce qui va se passer… Qu'est-ce qui va se passer ? »

Je ne sais pas si tu parles de ton état de santé ou des procès qui arrivent en septembre. Tout se mélange. La nuit tombe, éclairant toutes les angoisses. Car, pour la première fois, tu ne trouves pas de réponse. Je sors prendre l'air. Les couloirs de la Pitié-Salpêtrière sont vétustes et tristes, les équipes restreintes. Nous sommes à l'hôpital public. Toi qui as connu tous les luxes, tu préfères te faire soigner ici, à l'« Assistance publique », comme tu dis. En bas, je vois un rat passer furtivement. Dans les jardins, des familles pique-niquent avec leur proche malade, des enfants, des vieux, des couples qui se retrouvent sur un banc, de toutes les origines.

Tu ne supportes plus d'être attaché aux perfusions.

Tu veux tout arracher. Tu dois bouger, être libre. Tu deviens fou. Tu refuses de rester à l'hôpital. Tu appelles ta femme pour que tes fils viennent te chercher.

Pourtant ton cancérologue voudrait te garder. Tu es trop faible pour sortir et les perfusions sont ta seule source d'alimentation. Alors tu lui mens. Tu lui dis :

— Je mange, ma fille Nathalie m'apporte tout ce que j'aime.

Nous nous regardons, nous savons que c'est faux. Mais tu n'écoutes rien. Depuis le début de la maladie, tu n'en fais qu'à ta tête. Tu commences un traitement, tu l'arrêtes s'il ne marche pas assez vite. Tu refuses les médicaments. Spano a compris.

— On fera comme tu veux, Bernard. C'est toi qui décides…

Il est d'une patience infinie. Il nous confie :

— Moi, j'ai l'habitude, mais pour mes équipes c'est dur.

Tu ne veux pas des perfusions de morphine. Tu ne veux pas qu'on t'aide à marcher. Tu ne veux pas d'assistance la nuit. Tu ne veux que ta femme près de toi. Et si l'on proteste tu ripostes : « Personne ne choisira à ma place. Si je tombe, ça me regarde. Vous n'allez pas décider pour moi de ce que je vais devenir. »

Tu nous lances des regards noirs et pointes vers nous un doigt menaçant dès qu'on évoque une quelconque assistance. Ta détermination est intacte. Le boss est toujours là.

— Jean-Philippe, tu dois me promettre de me garder lucide jusqu'au procès à la Cour européenne. Je veux que tu t'y engages.

Tu n'as plus qu'une obsession : rester lucide.

Toutes les semaines, ton frère Jean-Claude vient de Seine-et-Marne pour te rendre visite. Il te cuisine ce que tu aimes, une tarte, une glace, une soupe de poisson, dans l'espoir que tu manges un peu. Vous évoquez votre jeunesse à La Courneuve, quand vous parcouriez la France de camping en camping avec vos parents. Tu es content que ton frère soit là. Je m'assois au bord du lit près de vous. Les derniers jours ont été très durs, trop de douleur et de morphine. Pourtant, tu me parles distinctement, avec douceur, dans un chuchotement :

— Tu sais, chez mes parents, c'était un milieu très basique. Mais il y avait la substance de l'essentiel, ce qui fait la vie : la famille.

Tu viens d'apprendre qu'il y avait des tumeurs partout. Tu ne manges plus ou si peu. Tu ne bouges plus, sauf pour te traîner aux toilettes. Les médecins nous ont fait comprendre qu'il restait peu de temps. Tu te reposes, les yeux fermés, et Laurent te masse le genou. Dans ce silence, tu lâches soudain à ton fils, d'un air détaché :

— Tu sais, ça me pourrit la vie, ce truc.

Basile Boli te rend visite. Depuis toujours, il vient voir « le boss ». Il t'appelle ainsi, aujourd'hui encore. Cela fait des mois qu'il ne t'a pas vu. Avant d'entrer dans la chambre, Sophie le briefe, elle le prévient que tu n'es plus le même, que tu as beaucoup maigri. Il répond qu'il est fort, qu'il ne craquera pas. Mais quand il entre dans la pièce, il s'effondre à tes pieds et éclate en sanglots.

— Si j'arrive à m'en sortir, à revenir des portes de l'enfer, je me présente à la présidentielle.

Laurent t'encourage gentiment.

— Ah oui, ce serait top, ça. Mais y a peu de chances que tu la gagnes !

— Hum, t'as raison. Mais je pourrais être Premier ministre.

— Ah oui, ça, ça aurait de la gueule, Premier ministre…

Avec un sourire malicieux, tu réponds à Laurent :

— Ça aurait une autre gueule que ce con de Castex !

Vous riez tous les deux puis, après un long silence, plongé dans tes pensées, tu murmures :

— Oui, ça aurait de la gueule…

Un peu plus tard, je passe te voir. Le brouhaha de la télé comble le silence. C'est le journal de 20 heures, les sujets s'enchaînent. Tu sembles si faible que je n'ai pas l'impression que tu l'écoutes ni que tu t'aperçois de ma présence. Pourtant, tu pointes l'écran du doigt et tu me dis dans un souffle :

— Être « fiers », être « grandes gueules », on a perdu tout ce qui faisait la France.

C'est sûr, les gars comme toi ne courent plus les rues.

APRÈS

Après, c'est le vide.
Et le vide est immense quand c'est un géant qui s'en va.

3 octobre 2021

Tu nous as quittés ce matin, quand tout le monde dormait. Couché dans ton lit auprès de ta femme, comme si c'était une nuit normale.

Et, comme tu le voulais, nous n'avions jamais évoqué ce moment avec toi. Pas une seule fois, même quand le cancer avait pris le dessus, même aux derniers instants de ta vie. Jamais. L'échec n'était pas une option, la fin non plus.

Nous n'avions pas parlé de l'après, nous ne nous étions préparés à rien, sinon à te voir continuer à vivre. Et c'est le dernier souffle qui a éteint le dernier espoir.

Aujourd'hui, le 3 octobre 2021, le jour de ta mort, ce jour que nous n'attendions pas, il n'a été question que de toi, sur toutes les chaînes. Tu aurais aimé ça. Laurent se demande si tu ne l'as pas fait exprès, de partir comme ça, un dimanche matin, ce jour de la semaine où la plupart des gens n'ont rien d'autre à faire que de regarder la télé. Tu planifiais toujours précisément le meilleur moment pour intervenir à l'antenne, en fonction du présentateur, de l'actualité et de l'audience, surtout. L'as-tu fait aujourd'hui une dernière fois ?

Aujourd'hui, le 3 octobre 2021, le jour de ta mort, ce jour que nous n'imaginions pas, tu es parti mais il me semble que tu traînes encore un peu avec nous. Laurent s'installe dans le fauteuil où tu te mettais toujours pour regarder la télé, la télécommande dans une main, le téléphone dans l'autre, prêt à prendre la parole en direct sur un plateau. De même que toi, il passe de chaîne en chaîne toute la journée.

Il est troublant d'avoir son père mort dans la pièce voisine et de le voir si vivant sur l'écran. Laurent tombe sur des interventions qui évoquent ton parcours en mentionnant la « casse sociale » dont tu aurais abusé. Alors, comme tu le faisais, il appelle à l'antenne et s'exprime en direct sur le plateau de Sonia Mabrouk. Et, à cet instant, on pourrait jurer que c'est toi qui parles, car c'est ta voix, ta hargne, la justesse de tes arguments. Il appuie sur certains mots, ceux qui lui font le plus mal. On décèle par-dessus tout le chagrin infini d'un homme qui vient de perdre son père.

« Il faut qu'une fois pour toutes, maintenant qu'il est mort, on comprenne que les emplois qui ont été supprimés étaient des emplois perdus. Est-ce qu'un jour, après vingt-huit ans, vous allez comprendre ça, que les entreprises qu'il rachetait étaient mortes, que, quand il prenait une boîte où il y avait 1 000 personnes, s'il en enlevait 300 ce n'étaient pas 300 qui étaient supprimées, c'étaient 700 qui étaient sauvées. Il en a sauvé des milliers, des emplois, c'est ce que vous n'avez jamais pu comprendre ; quand un chirurgien vous coupe une jambe, on ne s'attarde pas sur la jambe coupée : il vous sauve la vie, c'est ça qu'il faut que vous compreniez une fois pour toutes. Et j'espère qu'enfin vous allez arrêter de débiter ces conneries, il y a vingt-huit ans que vous le faites, et puis commencez par vérifier les faits que vous donnez à l'antenne, ça vous changera ! »

Laurent continue, appelle une autre chaîne, et c'est le député Pierre Lellouche qui se prend une volée. Toute la colère accumulée explose soudain : pour lui ta fin est liée à ça, à l'acharnement que tu as subi pendant tant d'années, à ces monceaux d'inepties qu'on a déversés sur toi. Dominique et moi nous inquiétons de le voir dans cet état. Nous lui disons d'arrêter, de se décoller de la télé, de ne plus regarder, nous craignons que ses propos n'aillent trop loin tant il est submergé par la douleur et le désespoir. Anéanti. Mais il n'écoute rien. Il n'entend que son chagrin. À la tristesse d'un fils veillant son père sans vie s'ajoute la souffrance d'entendre, encore, ses pourfendeurs se pavaner sur les plateaux télé.

Plus tard, tes amis viennent se recueillir avec nous. Je suis surprise de les voir reprendre la parole, celle que tu monopolisais à chaque repas. J'entends des voix que je ne connaissais pas si bien discuter de tout et de rien avec une décontraction surprenante, sans toi pour les rappeler à l'ordre d'une moquerie ou d'un mot cinglant. Je vois les gens se parler comme si d'une certaine façon ils se découvraient. Ils sont soudain plus naturels, légers, désinvoltes. Ce sont les mêmes personnes mais je découvre de nouveaux visages. Mon attention s'attarde sur ceux que tu aimais bien malmener et je les surprends enfin détendus, arborant un petit air crâneur, leur dignité revenue. Je me rappelle les engueulades que se prenaient certains et je les regarde avec la même tendresse que les rescapés d'une tempête qui viendrait de passer. Je ne peux m'empêcher de penser en m'attardant sur l'un ou l'autre : « Tu faisais moins le fier quand il était là. »

Ainsi se mêle à la tristesse une légèreté inattendue. Ce soir, on laisse les bouteilles d'alcool traîner sur les tables, les chiens vaquer. Tu n'es plus le centre de l'attention, du coup elle se dissipe, se disperse, flotte.

C'est le système solaire sans le soleil.

La semaine qui suit ta mort, il n'est question que de toi. Deux cérémonies, à Paris et à Marseille, la foule, Brigitte Macron ou ces *people* qui se pressent devant les photographes et qu'on ne reverra jamais. Ceux, comme François Bayrou, qui n'étaient pas invités et se sont glissés au fond de l'église, et les caméras partout même pendant la messe. Toi, dont le titre le plus prestigieux a été « ministre de la Ville », tu as les funérailles d'un président, la ferveur en plus. Quand nous arrivons à Marseille, des « Tapie, Tapie » s'élèvent de la foule, des mains se tendent, des escortes nous ouvrent la voie, des flashes, des fumigènes, des banderoles portent ton visage vers le ciel. Nous sommes entraînés dans ce tourbillon qui nous rappelle ces moments où nous marchions dans tes pas les jours de match au Vélodrome : dans le sillage de ta gloire, les flashes ricochaient sur nous, les enfants.

Nous vivons cet enterrement comme au temps où tu étais là, avec la même agitation qu'un soir de victoire, la clameur de tes fans, la passion des supporters et, pendant quelques heures, nous oublions. Mais, lorsque nous nous éloignons de la foule et que les grilles du cimetière se referment derrière nous, nous nous souvenons.

Après, c'est le silence.

C'est la maison où nos pas ne convergent plus vers ta chambre.

C'est la télé éteinte.

La fenêtre qui ne s'ouvre plus quand nous arrivons dans la cour.

Notre deuil se fait là, dans ce vide, une semaine après ton départ.

Il n'a pas pu se faire dans le brouhaha de ta mort, car tu es parti comme tu as vécu : dans le bruit, l'image, l'étourdissement des médias.

À partir de la minute où le cercueil s'enfonce dans la terre et pendant quelques jours, il y a ce désert, ce moment où plus rien ne bouge, où l'on n'ose pas toucher au pull laissé sur une chaise, où le chien attend l'absent comme s'il allait rentrer de voyage, où les bouquets de fleurs n'ont pas encore fané. Ces quelques jours où l'on ne touche à rien de peur que la mort ne s'installe vraiment, cette période où l'on est sonné, où l'on fait la connaissance de l'absence, de son caractère irrévocable.

Nous restons dans ce flottement, tétanisés, et au moment où nous sommes prêts à nous laisser aller à notre deuil, ils arrivent. Par groupes, organisés, précis, rapides. Comme des fourmis repèrent une miette tombée sur le sol. Les experts de l'État franchissent les murs de la forteresse que tu as protégée si longtemps. Ils font l'inventaire de tous les objets qui se trouvent dans la maison. Ils notent jusqu'au panier du chien. Et quinze jours plus tard tout est parti.

Puis les architectes leur succèdent. Ils disent vouloir commencer les travaux pour le nouveau propriétaire, qu'il faut quitter les lieux.

Ensuite viennent les courriers, sous toutes les formes : ceux qu'on n'aime pas recevoir, RAR, mises en demeure, injonctions, plis d'huissiers, du fisc, des tribunaux, des représentants de la banque. Le parapluie que tu tenais au-dessus de nos têtes s'est refermé.

En quelques semaines, tout disparaît. D'abord la résidence principale, l'hôtel particulier où vous viviez depuis plus de trente ans, puis la maison de campagne. Pour finir, il faut se séparer du chien : ce molosse sans éducation est ingérable et ne peut tenir dans un lieu plus petit. Nous le confions à des amis, et voilà que nous perdons un autre membre de la famille. Le décor et les figurants sont engloutis avec toi comme s'il fallait que rien ne subsiste après ton départ.

Il nous a fallu deux ans pour émerger de ce chaos. Ramasser les débris puis replanter. Reconstruire la charpente de notre famille.

Il a fallu répondre à la remarque qu'on nous a adressée des dizaines de fois : « Mais il avait forcément caché de l'argent quelque part, ce n'est pas possible autrement, c'était Tapie. » Vivre avec la suspicion des gens, leurs sourires en coin, leurs doutes. Et surtout les nôtres :

Pourquoi n'avais-tu rien préparé ?

Pourquoi as-tu laissé Dominique dans ce chaos ?

Pourquoi nous y as-tu laissés ?

La réponse la plus évidente est que tu n'as pas eu le choix. Tout était saisi ou sous le contrôle des instances judiciaires, et tout avait été soigneusement ratissé à travers le monde. On t'avait collé l'accusation de blanchiment d'argent sale qui permet, au même titre que celles de terrorisme et de trafic de drogue, de contraindre les banques de n'importe quel pays à bloquer les actifs des individus désignés. Comme toujours avec toi, tous les moyens furent déployés.

Je me rappelle que, un ou deux ans après l'élection de François Hollande à la présidence de la République, un type qui s'était présenté comme appartenant à la DGSI avait voulu rencontrer Laurent en toute discrétion pour l'avertir que la présidence avait mis en place un cabinet noir avec des équipes dédiées pour détruire certaines personnalités, dont tu faisais partie, et que tu allais tout perdre. Selon lui, les dés étaient pipés, et il vous encourageait à tout mettre à l'abri. Nous n'avons jamais su qui il était vraiment ni si ce qu'il disait était vrai. Il avait disparu comme il était apparu, sans donner son identité.

Quand Laurent t'avait raconté l'histoire, tu avais été un peu ébranlé mais tu avais préféré ne rien faire, ne rien dissimuler, te disant que c'était peut-être un piège pour te conduire à la faute.

Plus tard, tu aurais pu chercher une porte de sortie lors des prémices des poursuites contre l'arbitrage, mais tu n'as rien fait. Comme pour la maladie, tu n'avais rien préparé. Un arbitrage international était censé être ferme et définitif, inattaquable. Une fois de plus tu faisais confiance aux institutions.

L'échec est d'une violence inouïe quand on ne se prépare qu'au succès. Mais cette énergie, tout entière tournée vers la victoire, était ton moteur. Tu as mis tes ressources dans ton dernier combat, parce que vivre était ton seul choix.

Tu es resté fidèle à toi-même et nous n'avons rien vu, si obsédés que nous étions par notre propre destin. Tu es mort comme tu as vécu.

Puisque nous n'avons jamais pu évoquer avec toi ton départ, une multitude de questions sont restées sans réponses. Maintenant que tu es parti, je voudrais faire craquer l'écorce qui te rendait insaisissable, ta pudeur, ta colère, tes soucis, ton exaltation parfois – une succession d'états excessifs qui nous permettait rarement d'être face à toi. Il me faut débusquer dans ma mémoire les moments d'inattention passagère, un lâcher-prise, pour saisir l'essentiel.

Je me souviens de ce voyage avec toi en Guyane, le pays de mon enfance. Je n'avais pas 20 ans et je t'accompagnais lors de ta tournée politique pour les élections européennes. Le trajet durait neuf heures, nous voyagions seuls tous les deux. C'est le plus long moment que nous ayons passé en tête à tête, sans personne de la famille, sans téléphone, sans aucune connexion avec l'extérieur. Il a fallu cet isolement forcé pour qu'enfin je te découvre. Je suis retournée dans le pays où j'ai grandi, et c'est toi que j'ai trouvé.

Nous avions regardé ensemble *Sister Act* et tu avais été ému aux larmes par cette comédie américaine potache. On avait partagé des sablés et, quand je m'étais endormie, tu avais posé une couverture sur moi. Je n'ai aucun souvenir de ce qu'on a pu se dire, pas grand-chose sans doute, mais j'ai gardé la sensation qu'à cet instant, dans ce silence partagé, dans la lumière du ciel qui perçait des hublots, tu avais été toi.

Une fois que nous avons passé les portes de l'aéroport de Cayenne, avec les journalistes, les politiciens, les coups de fil venus de France, je t'ai de nouveau perdu. Le séjour s'est déroulé à la hâte : le marché de Cayenne, les dégustations de gibier et ton stress habituel. Je me souviens qu'on a ri quand on t'a servi de l'iguane et que tu as vu les petites pattes de la bestiole dans le plat.

Mais c'est ce moment dans l'avion que je n'oublierai pas.

Il y a eu peu de moments comme ça entre nous. Aussi dépouillés de tout. Cela arrivait parfois quand je montais dans ta chambre ou dans la pièce où tu regardais la télé et que je m'asseyais à tes côtés. Lorsque tu cuisinais, aussi, car enfin tu étais détendu, concentré sur tes sauces et temps de cuisson. C'est dans ces tête-à-tête que je te retrouvais. Parfois on ne se disait rien ou si peu, mais cela suffisait. Tu aimais avoir mon avis sur une décision à prendre ou un nouveau projet. Moi, ce que je préférais, c'était te poser des questions sur l'actualité. Je te lançais sur un sujet et je m'installais. Tu étais beaucoup plus modéré et conventionnel qu'on aurait pu le penser, bien plus que moi en tout cas. Si j'avais des inquiétudes au sujet de Laurent ou des enfants, de mon père malade, quand un proche avait des problèmes de santé, je t'en parlais. Il fallait juste trouver un endroit où ton attention ne serait pas dissipée, et espérer que le téléphone ne sonne pas.

Quelques années après le voyage en Guyane, ton départ en prison a marqué une autre étape importante entre nous. Une pause où la pudeur s'efface devant l'émotion. Ce jour-là, ta fragilité avait refait surface : tu te préparais à partir dans le coffre d'une voiture, à l'abri des téléobjectifs et des journalistes massés devant la porte. Au moment de nous quitter, pour la première fois, tu m'as serrée dans tes bras. C'était il y a presque trente ans et pourtant je me rappelle ce moment avec précision. Je t'ai écrit presque tous les jours pendant ton séjour en prison. Je pensais que mon sentimentalisme te ferait sourire, que mes lettres se perdraient parmi les centaines de courriers que tu recevais. J'ai su plus tard que tu les avais toutes lues.

Lorsque mon père nous a quittés, tu m'as dit que tu serais désormais un second père pour moi. Je n'y ai pas vraiment attaché d'importance.

Ça m'a touchée, et en même temps j'ai pensé : « Même cette place-là, il la veut. » Déjà pendant que j'écrivais mon premier livre, dont mon père était le héros, tu m'avais suggéré de t'ajouter dans l'histoire. Il te semblait intéressant de comparer vos deux destins et vos deux personnalités, à l'opposé l'une de l'autre. Alors que je donnais enfin à mon père, le discret, l'effacé, une place centrale, tu tentais de l'en déloger, ou au moins de la partager avec lui.

Là aussi j'avais souri, mais en mon for intérieur je t'en avais voulu de souhaiter prendre la place de celui qui était pour moi irremplaçable.

Je n'avais pas saisi que depuis des années tu jouais aussi ce rôle de père. Tu me témoignais ton affection lorsque tu étais submergé par l'émotion, dans des moments d'euphorie ou de grande tristesse, comme à la mort de mon père. C'était toi qui me faisais les compliments que lui, avec sa pudeur maladive, taisait.

Aujourd'hui, je n'ai plus de père.

Ces moments rares, je sais que d'autres les ont vécus avec toi. Maintenant que tu n'es plus là, j'irai les chercher chez eux. J'aimerais interroger les personnes avec qui tu as eu une relation singulière, discrète, inexplicable parfois. Je veux trouver un angle différent. Des réponses s'y cacheraient peut-être.

Je réfléchis aux périodes de ta vie qui t'ont le plus marqué. Il y a évidemment eu la période de l'OM, ta réussite dans les affaires, ton arrivée en politique, la prison, ton combat contre la maladie. Je me dirigerai vers des gens qui pourront apporter un éclairage singulier sur chacun de ces moments. L'un d'eux t'a accompagné dans presque toutes tes aventures. Il a connu les différentes étapes, a été le témoin privilégié de ton ascension, de la fin de tes jours et aussi de l'après. Il a été ton proche collaborateur, ton ami intime, ton bras droit, ou plutôt ton cœur droit. Son témoignage me semble d'autant plus important qu'il mêle l'intime et le professionnel, puisque tout se mélangeait dans ta vie, tant l'affectif prenait le contrôle de tout.

Jean-Louis Borloo m'attend dans un café en bas des Champs-Élysées. Il est 18 h 30 et l'endroit est désert. C'est un jour pluvieux du mois de mars. Des bougies éclairent les tables, donnant à cette rencontre une douceur solennelle. On va parler de toi.

J'aperçois de dos sa chevelure grise aux boucles enfantines. Il est l'ange qui s'est penché sur notre famille après ton départ. Il pose sur moi son regard bleu. Ce regard lui donne l'air d'un gars de 20 ans.

— Alors, raconte-moi…

Il me dit cela sur un ton un peu las. Il doit penser : « Qu'est-ce qu'ils me veulent, encore, les Tapie ? »

Car après ton départ, Jean-Louis a été là pour tout. Nos questions, nos angoisses, la paperasse, les huissiers… Il a été le cœur, la raison, la patience infinie. Borloo est généreux en tout. Je lui explique rapidement l'objet de ce rendez-vous. Je veux entendre la voix de l'ami de toujours, son ressenti. De celui dont tu disais en riant : « Jean-Louis, il n'est jamais là quand on n'a pas besoin de lui. » C'est exactement ça : Borloo fait partie des gens que ta bonne étoile t'envoie quand il n'y a plus d'espoir.

Il commence en s'excusant presque. Il s'excuse de t'avoir laissé, il y a quarante ans. Il dit « abandonné ». Pourtant, tu avais tout fait pour le retenir. Tu lui avais offert des actions de ton groupe. Beaucoup d'actions. Mais il était parti quand même. Tu as gardé cette blessure longtemps. Quand tu aimais les gens, tu ne supportais pas qu'ils te quittent. Jamais.

Il me dit :

— Bernard avait besoin d'amour, besoin d'être cajolé. Il avait sa brutalité physique et sauvage, mais c'était une boule d'amour. Il m'en a toujours voulu d'être parti. Mais il le fallait, sinon j'aurais été englouti.

Je lui confie que pour ses proches c'était pareil. J'ai eu le sentiment qu'en vivant près de toi, notre vie ne nous appartenait plus tout à fait. La tienne était tellement plus tumultueuse. Jean-Louis renchérit :

— C'est normal, c'est parce qu'il créait de l'événement en permanence. Et puis il ne supportait pas que j'aie d'autres activités. Avec Bernard, c'était exclusif ou rien.

Plus il parle de toi, plus son visage s'anime. Ses souvenirs te ramènent vers nous. J'ai sous les yeux la joie de deux copains qui se retrouvent.

— Tu sais comment on s'est rencontrés ? Il me repère en 1983 parce que j'étais un jeune avocat qui avait aussi fait des études de finance, ce qui était rare à l'époque. Il avait le génie créatif mais il cherchait quelqu'un pour le structurer. En plus, je parlais anglais et j'étais passé par HEC. Les grandes écoles l'ont toujours fasciné. Et quand il entre dans mon bureau, le type prend tout de suite la lumière et…

Il s'interrompt et me lance avec tendresse :

— Tu sais comment était Bernard… Il voulait toujours te raconter une anecdote de plus pour crédibiliser la précédente. Alors Bernard me dit : « Je suis vraiment content de vous voir, surtout que HEC vient de me solliciter pour être responsable d'un programme d'enseignement sur les entreprises en difficulté ! » Et je lui réponds : « C'est génial HEC, bravo, votre histoire est vraiment super… sauf que c'est déjà moi le responsable de ce programme ! » Donc son histoire était vraie, mais il avait ajouté le truc pour se mettre dedans. Alors là j'éclate de rire et lui aussi. Ça, ça résume bien Bernard : oui, il y avait un cours à HEC sur les entreprises en difficulté, oui, ça lui faisait envie et non, ce n'était pas absurde, et en fait il n'y avait aucun mal, il ne faisait de mal à personne, il n'avait rien volé, c'était juste drôle ! Il voulait m'éblouir : le diplôme, la grande école… Cette blague, elle décortique très bien ce qu'il était !

Il rit en repensant à cette première roublardise que tu lui as faite et qui a fait naître entre vous cette complicité instantanée.

— D'ailleurs, Bernard, je ne l'ai jamais vu monter un coup, une combine financière, une combine juridique alors que j'ai été son avocat de la grande période de démarrage à l'apothéose, poursuit-il. Je l'ai vu exagérer, je l'ai vu embarqué par un bobard, je l'ai vu se faire gauler et en rire, mais moi, il ne m'a jamais demandé de faire un truc bizarre parce que de toute façon il était déjà dans l'histoire d'après. Et en politique, pareil. C'est ce que je répète et qui ne paraît pas crédible et pourtant c'est la vérité ! Parce qu'être tordu, c'est une caractéristique des gens à l'arrêt. Lui, il était en mouvement. Si tu es tordu en mouvement, tu tombes ! C'est le drame de la vie de Bernard : tout le monde a supposé que c'était un homme d'argent, un arriviste capable de faire des coups pendables. Ce n'est pas vrai, ce n'était pas sa structure mentale. Il était beaucoup plus puissant que ça.

Jean-Louis plonge ses yeux bleus dans les miens. On y trouve toujours un peu de tristesse quand il parle de toi. Il se rappelle les premières années où vous travailliez ensemble.

— Les trois personnes avec qui il a travaillé durablement, Noëlle Bellone, sa plus proche collaboratrice, Véronique, son assistante, et moi, on a adoré bosser avec lui. Aucun jour n'était semblable au précédent. Ce qui pouvait être pénible, c'est qu'il n'aimait pas gérer le quotidien, s'occuper des problèmes d'argent, des paies, alors il faisait confiance, il nous filait le chéquier et on se débrouillait… Et tout était comme ça. Par exemple, même le *Phocéa* il avait décidé de l'acheter avant de l'avoir vu. Parce que Bernard vivait dans le rêve.

Jean-Louis a raison. Ton ADN était l'énergie, la créativité, le rêve. T'attarder sur l'administratif et les détails accessoires t'aurait détruit.

Quand on ne part de rien et qu'on vise si haut, on ne peut pas se laisser ralentir par quoi que ce soit. Si on ne saisit pas immédiatement la branche suivante, on risque de retomber tout en bas. Borloo me confirme ce que je ressentais. Tu ne fonctionnais que sur la confiance. Confiance en les autres, en la vie, en l'avenir.

Je lui demande si ce n'était pas aussi ta plus grande faiblesse.

— Sa plus grande faiblesse, c'était cette chose paradoxale, où d'un côté il admirait la caste supérieure, les banquiers, les diplômés, et de l'autre il les dénigrait publiquement. Il a eu besoin de les tourner en ridicule vis-à-vis de la jeunesse de France, vis-à-vis de l'esprit d'entreprendre, et ç'a été vécu comme la mise en cause des puissances financières du pays. Alors qu'au fond de lui il leur vouait une admiration semblable à celle que tu peux avoir pour une prof de latin que tu détestes parce que tu ne comprends rien. Un véritable homme d'affaires n'aurait jamais signé les papiers qu'il a signés à la banque. Il ne pouvait pas imaginer que ces gens-là feraient ça, il les mettait sur un piédestal. C'est le paradoxe absolu de cette histoire : quand il parlait à la télé, il se foutait de leur gueule, quand il me parlait, il les admirait. Il était très isolé finalement. Il n'était pas dans les cercles, les milieux financiers.

— Peut-être à cause de sa nature peu diplomate…

— Ce n'était pas son histoire… Bernard n'était pas un calculateur. Quand j'ai quitté le gouvernement en 2011, il m'a dit : « Tu m'as laissé seul. » Ce n'était pas un reproche, juste une façon de me dire que je lui avais manqué. Il est vrai que le destin de l'un comme de l'autre aurait été différent si nous étions restés ensemble. Pour lui j'étais une sorte de mélange, j'avais « un peu de lui » mais sans son talent, qui était objectivement supérieur, pourtant je comprenais quand même tous ses ressentis, je touchais à beaucoup de sujets ; j'étais un peu saltimbanque. Il lui manquait quelqu'un pour le protéger des hommes en gris, des agressions. À deux, tu as quatre yeux.

Je ressens chez Jean-Louis cette rancœur que tu avais aussi les dernières années. Vous étiez tellement proches que ce sentiment d'injustice s'est immiscé en lui. Il aimerait que le monde comprenne ce qui est arrivé à son ami, son frère, celui qu'il admirait tant. Il a assisté de loin à ton dépeçage. Il a vu plonger dans les ténèbres ce mec qui était entré dans son bureau en prenant toute la lumière. Il ne parle que de ça, et de son regret de t'avoir laissé. Tu es mort depuis plus de deux ans et il n'en finit pas de souffrir.

L'affaire du Crédit Lyonnais l'obsède :

— Il y a une explication socioculturelle à cette histoire : ce n'était pas possible. Tu ne pouvais pas plaire, être beau, courageux, réussir dans tes entreprises, en politique, dans le sport… À un moment, c'était trop et on le lui a fait payer. Et à la première faille, ils s'y sont engouffrés. Il arrivait à rendre des coups aux ennemis isolés, les ennemis classiques que tu croises dans la vie. Mais pas au bloc organisé, celui qui a le pouvoir administratif, le pouvoir financier et maintenant le pouvoir politique. Ce sont presque les mêmes individus. La même caste. Ils se protègent les uns les autres. Cette culture-là, t'as vu comme elle est arrogante ? Ils osent tout. Ils veulent éliminer le moindre talent en dehors de leur société de connivence. Elle ne peut avoir que de la haine pour un Tapie. Et puis il fallait faire payer médiatiquement la chute du Lyonnais à quelqu'un. Ceux qui ont tué Bernard sont ceux qui tuent la France aujourd'hui.

J'ai en tête une question qui me poursuit depuis bien avant cet entretien. Elle m'obsède. En réalité, c'est une question que j'aurais aimé te poser à toi. Puisque tu n'es plus là, qui sinon ton plus vieil ami pourrait y répondre ? J'aimerais savoir pourquoi tu es parti sans rien préparer, sans parler de l'après. Cette question semble affecter particulièrement Jean-Louis.

— Il faut bien comprendre que jusqu'au bout il a pensé qu'il gagnerait, puisqu'il avait toujours gagné devant les tribunaux. Donc quand on dit qu'il n'a pas protégé sa femme… Mais la protéger de quoi ? Il ne s'était pas préparé parce que cette défaite n'était pas envisageable pour lui. Et comme il n'avait jamais caché de pognon… Ça décrit parfaitement le personnage : il a eu cinq décisions qui lui donnaient raison, et à la fin il a été volé. T'as des mecs qui sont des joueurs, mais lui ne jouait pas. C'est comme tous ces gens qui ne comprennent pas pourquoi il est resté en France : eh bien, parce qu'il n'avait jamais triché, bande de cons ! Il avait le drapeau français sur le *Phocéa* !

Quand Jean-Louis Borloo prononce cette phrase, j'ai la sensation que ce n'est pas lui qui parle, mais toi. Pendant un instant tu as pris sa place et tu t'es adressé à moi.

Je le remercie encore pour le discours qu'il a prononcé lors de tes funérailles. Je lui demande à quel moment il a pensé à utiliser l'expression « boule d'amour » te concernant. Ce n'est pas forcément le terme auquel on pourrait s'attendre à ton sujet, surtout de la part d'un copain.

Il me répond, comme une évidence :

— Mais Bernard c'était une boule d'amour. Ce n'était pas une boule de cynisme, un tordu, il t'attaquait pas dans le dos. C'était un dominant qui n'écrasait pas les dominés mais les embarquait. C'était une boule d'amour avec ses chiens, avec sa femme, avec ses enfants. Un mec qui aimait être admiré mais qui savait aussi admirer. Bernard pouvait être délirant d'admiration pour d'autres personnes, hommes ou femmes. Il pouvait admirer des champions, des artistes, des industriels, des hommes politiques… Il n'était pas un mec encombré par le talent des autres. Alors pour moi, ce discours a été facile à écrire parce que Bernard était incroyable. Parce que je l'aimais vraiment. Pas tout à fait comme les autres.

C'est un grand vide. Jusqu'à la fin, quand j'allais le voir à la Salpêtrière, il me disait : « Jean-Louis, il faut que l'un de nous deux sauve la France. Je crois que t'es plus en forme que moi. » Et j'éclatais de rire. Ça, c'était lui.

Sans qu'on s'en soit aperçus, le café s'est rempli pendant que nous parlions. Nous sommes sortis de cet échange où rien de l'extérieur ne nous avait atteint, de ce voyage dans nos mémoires où tu nous attendais.

Le présent nous avait retrouvés, et tu n'étais pas dedans.

Je repense à l'anecdote de Borloo sur ta tentative de le retenir en lui offrant des actions. Faire des cadeaux pour t'attacher les gens était l'un de tes travers. Tu t'installais ensuite dans une sorte de paranoïa : il te semblait que ceux qui t'entouraient étaient là par intérêt, alors que c'était toi qui avais mis en place ce lien de dépendance. Tu as dit un jour devant nous : « Je préfère rester avec mes chiens, ils ne me demandent jamais rien. Ils m'aiment seulement pour ce que je suis. »

Je trouvais ces reproches déguisés profondément injustes. Pour nous, cela sous-entendait que nous étions intéressés. Pour toi, cela signifiait que ta seule valeur à nos yeux était matérielle.

Qui, sinon une personne qui manque cruellement de confiance en elle, agit ainsi ? Tu étais prêt à tout pour être aimé. Sous ta carapace se cachait un homme moins sûr de lui qu'il ne le laissait paraître. Cette tentative plus ou moins réussie d'acheter notre affection par des cadeaux dispendieux était spectaculaire ; on aurait pu ne retenir que cela. Comme tes autres travers, celui-ci était bruyant, clinquant, si évident.

Tes défauts étaient une fanfare que tu trimbalais partout. Leur cacophonie couvrait tout le reste. Tu donnais volontairement aux gens des raisons de te détester. Même sur le désamour, tu voulais avoir le contrôle.

Beaucoup de tes amis ont pris la fuite. Ça nous est arrivé parfois. Nous éloigner de toi nous permettait de te retrouver.

Les trois ans passés depuis ton décès ont donné à notre mémoire le temps de décanter. Ton âme est remontée à la surface. Je la déplie comme une lettre que tu m'aurais laissée en partant. Tu étais celui qu'on pouvait appeler à n'importe quelle heure du jour ou de la nuit quand on avait un problème, qui partageait tout avec nous. Si l'on te prenait bien, c'est-à-dire par la corde sensible, et en te laissant croire que tu étais à l'initiative de l'idée, on pouvait tout te demander.

Tu étais un arbre chargé de fruits et on venait les cueillir. Il fallait juste éviter les épines.

J'ai eu récemment un rappel cuisant de ton absence. Ma mère est tombée et s'est blessée. La première chose qui m'est venue à l'esprit a été : il faut appeler Bernard, il saura quoi faire, ce qu'elle a, ce qu'elle risque, à qui s'adresser, comment la manipuler, où l'emmener. Il appellera les médecins, il trouvera le meilleur, il nous secouera si on ne fait pas assez bien et assez vite, il s'inquiétera et nous rappellera mille fois pour prendre des nouvelles.

Ce réflexe s'était établi dans notre vie aussi naturellement que d'appeler les secours. « Il faut appeler Bernard » : cette phrase nous ouvrait toutes les portes, nous donnait toutes les réponses. La première fois que j'avais eu une crise de colique hépatique, ravagée par la douleur en pleine nuit et ne sachant ce qui m'arrivait, j'avais soufflé à Laurent, comme toujours dans ce genre de situation : « Appelle ton père. »

Il était 1 heure du matin mais tu avais répondu, nous expliquant avec précision ce que j'avais, ce qu'il fallait que je prenne, ce que je devais faire. Le lendemain, tu avais pris rendez-vous pour qu'on me fasse une échographie.

Perdre un père, c'est perdre aussi cette main invisible qu'on peut saisir à n'importe quelle heure du jour et de la nuit.

« Il faut appeler Bernard. » Cette phrase a disparu à jamais de notre vie.

La santé est un sujet qui t'a toujours passionné. Petit, déjà, tu t'étais inventé une vie dans laquelle tu t'appelais Philippe et où ton père était médecin.

Cet intérêt pour la médecine s'est renforcé quand tu as perdu ta grand-mère, morte d'une occlusion intestinale après une erreur médicale. Ce jour-là, tu t'es dit que plus jamais l'un de tes proches ne subirait ça. Tu as potassé jusqu'à acquérir une expertise impressionnante en la matière. Combien de fois t'ai-je vu farfouiller dans le placard de ta salle de bains pour me trouver les médicaments adaptés à mon état du moment ? Tu avais de quoi traiter toutes les pathologies courantes.

Tu avais surtout le talent de toujours transformer tes angoisses en atouts. Une peur maladive de l'avion ? Tu prenais des cours de pilotage jusqu'à l'obtention du diplôme. Là aussi, tu avais tellement étudié les manuels techniques que chaque fois qu'il y avait un crash dans le monde tu savais nous en expliquer les raisons avant même que l'enquête n'ait révélé ses conclusions.

Tu ne te résignais jamais à rester dans des situations qui te mettaient à l'arrêt. Chaque faiblesse était prétexte à te renforcer.

Et, surtout, tu ne renonçais devant rien. C'est ainsi que, lorsque après la prison on t'a interdit de faire de la politique et des affaires, tu as décidé de te lancer dans le spectacle. Là encore, tu as tout cassé.

Laurent et moi aimions te suivre sur les tournages et les émissions, venir te voir au théâtre. J'avais la mission secrète de surveiller les starlettes qui te tournaient autour et je te lançais un regard désapprobateur quand je te surprenais à te pavaner devant l'une d'elles. C'était notre petit jeu, et on en riait quand on se retrouvait entre nous. Lorsque tu jouais *Vol au-dessus d'un nid de coucou*, nous venions souvent le soir à l'improviste, sans te le dire. On s'installait toujours dans la même petite loge du Théâtre de Paris, en haut à droite, un nid de velours rouge perché au-dessus de la scène.

Et on s'évadait des journées mornes, du stress, de la monotonie de nos jobs sérieux dans ce perchoir capitonné qui surplombait le monde, fascinés par le nouveau spectacle que tu offrais à nos vies. Nous étions deux voyeurs suspendus dans l'obscurité et nous te regardions t'agiter dans la lumière sans perdre une miette du bonheur qui t'étreignait tous les soirs. Comme nous te connaissions, nous savions parfaitement quand tu étais sincère et quand tu en rajoutais des tonnes au moment du salut final, la main mimant ton cœur battant sous ton tee-shirt.

Nous passions nos soirées avec ce McMurphy qui organisait des matchs de basket pour les prisonniers, tentait de tirer le meilleur de chacun, défiait la hiérarchie jusqu'à la mort. Ce type bienveillant et gouailleur, un poil inconscient, qui parvenait à rendre respirable un asile de fous n'était pas si différent de toi. Nous sommes venus quatorze fois en tout : aucun jour n'était semblable au précédent car il fallait toujours que tu ajoutes une grimace, une blague, que tu détournes un peu le texte pour faire sourire le public.

Tu as adoré cette période où tu attendais la tombée de la nuit pour te nourrir des applaudissements de tes fans comme un vampire joyeux et revigorant.

Le théâtre te permettait d'échapper aux journées de combat judiciaire. Le matin tu te battais contre l'État, le soir tu partageais de la joie avec les Français. C'était comme si tu payais le jour ce que la France te donnait la nuit. Je ne sais pas si tu étais le meilleur des comédiens, mais au moment du salut final, les spectateurs se levaient comme ceux des matchs du stade Vélodrome. Tu savais prendre une foule et la gonfler de bonheur. J'ai trouvé étonnant que tu puisses faire salle comble pendant des mois sans jamais obtenir la moindre nomination aux Molières. Même dans ce monde, tu n'as pas eu accès au cercle des initiés. Tu ne ferais jamais partie d'aucun sérail.

Mais le théâtre nous a révélé ce qui t'avait rendu si populaire : cette connexion directe que tu avais avec les Français, ce lien spontané qui faisait que dans la rue les gens venaient te parler, te toucher, te prendre dans leurs bras.

Il fallait aux autres beaucoup d'enrobage, certains codes, des diplômes et des prix pour devenir désirables. Combien de politiciens, d'artistes, d'éminents conseillers nous a-t-on vendus comme on vendrait des paquets de lessive, polishés à coups de flatteries dans les médias, couverts de récompenses et de Légions d'honneur, venus des meilleurs élevages tels de beaux petits bestiaux au Salon de l'agriculture. Toi tu n'avais pas l'emballage ni le tampon officiel, rien de ce qui était de mise pour être présenté au public. Tu étais brut, sans maquillage. Tu insultais les journalistes, renversais les barrières du système, ta voix portant même sans micro tendu. Et tu surplombais le monde sans avoir mis un pied sur les marchepieds du pouvoir ; tu étais l'accident auquel on ne s'attendait pas, le gars entré par effraction, celui qu'on n'avait pas invité et qui prenait la place du marié.

Tu étais le peuple, le peuple était toi et, ce pouvoir immense, on ne pouvait pas le laisser entre tes mains.

Certains me diront qu'un type qui a été milliardaire ne peut pas représenter le peuple. Mais tu étais populaire justement parce que faillible, imparfait, sensible, démerdard, passionné, frimeur, pragmatique, aussi. Pour tout cela tu étais le peuple.

Un autre que Mitterrand avait pressenti avant tout le monde la relation charnelle que tu avais avec les Français : Jean-Luc Mélenchon. Dès votre première rencontre dans les années 1990, il avait su voir en toi l'animal politique au potentiel unique. Il avait vu venir le danger.

J'ai su que vous vous étiez appelés plusieurs fois juste avant ton décès. Je me dis que, lorsque deux hommes comme vous se parlent alors que l'un est en fin de parcours, on doit toucher à l'essentiel.

Je décide d'aller le rencontrer. J'ai envie de comprendre, puisque apparemment vous n'aviez pas de lien intime. Tout ce que je sais, c'est que tu voyais en lui un rempart indéfectible contre le RN. Je vois passer régulièrement sur les réseaux sociaux ce moment où tu as pris sa défense face à David Pujadas : « J'entends dire beaucoup de mal de Mélenchon. Je vais vous donner un conseil : priez pour qu'il reste où il est. Parce que, tant qu'il sera là, lui, je peux vous garantir qu'il n'y aura pas d'alliance avec le Front national [...]. C'est un des derniers remparts. »

Est-ce que, en fin de compte, ce n'est pas de lui que tu te sentais politiquement le plus proche ? Ton combat contre le FN était sincère. C'est pour cela qu'il a tant marqué les esprits. À la maison, dès que quelqu'un émettait la moindre réserve au sujet de l'immigration, tu devenais fou. Tu nous aboyais dessus : « J'aimerais bien voir, si les immigrés arrêtaient tous de bosser pendant une semaine, comment marcherait la France ! »

J'ai appris assez tardivement que, petit, tu étais soigné à l'hôpital franco-musulman non loin de chez toi, à La Courneuve. J'ai compris aussi que le mépris de classe que tu avais ressenti en tant que fils d'ouvrier était semblable à tes yeux à celui que subissait une certaine communauté.

Mélenchon partage ce combat. Finalement, cette lutte contre le racisme, certainement l'une des plus importantes de ta vie, vous rassemblait. Mais au-delà de ça, comme toi, Mélenchon ne fait pas partie du système, il n'en adopte pas les codes, il est insolent, bruyant, choquant. Et pour tout cela, il est, comme tu l'as été, facile à isoler, à exclure, à diaboliser.

Est-ce chez Mélenchon une posture politique ? Je ne le connais pas assez pour le dire.

Accéder à Jean-Luc Mélenchon n'est pas chose facile.

Je décide d'introduire ma demande sous l'angle de la lutte contre le RN.

Il sera probablement sensible à cette approche. Avoir le soutien posthume de Tapie dans ce combat n'est pas négligeable. Je commence à rédiger le message à son intention en ce sens. Et ça marche. Rendez-vous est pris avec la bête. J'y vais sans prévenir mon entourage.

Je suis dans le taxi, un cactus de 1 mètre à côté de moi. J'essaie de le maintenir en équilibre sans me blesser. Quelques épines se plantent dans le plafond du véhicule. Je tente de les décrocher, mais le cactus se met à pencher dangereusement vers mon visage. Je souris du caractère improbable de la situation. Dehors, une foule colorée, des femmes en boubou, des boutiques de tissus africains. Le taxi m'emmène beaucoup plus loin que les 3 kilomètres que nous parcourons. Il me dépose dans une ruelle du 10e arrondissement. Je sors de la voiture les doigts piqués d'épines. Je suis très en avance. Je me dis que, s'il est comme toi, Mélenchon ne doit pas supporter les gens en retard. Je patiente devant le porche de LFI, le cactus à mes pieds. C'est un petit immeuble moderne et modeste. Un sas de deux grilles le protège, mais il n'y a aucun agent de sécurité et pas le moindre signe indiquant le siège du parti. La rue est paisible, d'une propreté précaire comme le sont à présent toutes les rues de Paris. Quelques parents flanqués de leurs enfants me frôlent en passant.

À part une tête à une fenêtre, l'immeuble semble désert. Une personne en sort de temps en temps, mettant un peu d'animation dans le décor. J'ai du mal à imaginer que le chef des Insoumis et l'agitation qui l'entoure habituellement puissent se trouver à l'intérieur.

16 h 55. Cinq minutes avant l'heure du rendez-vous, j'envoie un message à Coline Maigre, l'attachée de presse de Mélenchon. Deux minutes plus tard, une petite jeune femme souriante vient m'ouvrir.

Je la suis dans un labyrinthe de moquette grise. Ici, la modestie est de mise. Nous croisons très peu de gens, des femmes essentiellement, dont les murmures enjoués saluent le passage du cactus. Nous arrivons enfin devant une pièce aux vitres masquées de persiennes.

Coline pousse la porte et nous entrons. Elle me présente à l'homme assis derrière son bureau. Un col Mao, une tignasse grise. C'est lui. J'interromps sa lecture. Il pose sur moi un regard froid. Je pourrais être mal à l'aise mais il n'en est rien. Quand on a vécu trente ans à tes côtés, plus personne ne nous impressionne. Le plus étonnant, c'est qu'il me fait penser à toi. Cette réserve, cette manière d'être sur la défensive. J'avais souvent cette sensation quand je venais te voir, même après des années. Bizarrement, sa froideur me réchauffe.

Précédée par mon cactus, je lui lance :

— Bonjour, je vous ai amené Amelita !

Silence et regard interrogateur. Il me fixe. J'insiste :

— J'ai entendu dire que vous aimiez les cactus et que vous en aviez un qui s'appelle Amelito…

Il se détend. Un peu.

— Ah… merci. Oui, c'est vrai. Mon premier cactus, c'est mon meilleur ami qui me l'a offert. Je me souviens très bien de ce jour car mon ami est mort depuis, me répond-il en laissant ses yeux s'attarder sur la plante. Il est magnifique.

La trace d'un sourire effleure son visage. Coline nous a quittés. Nous sommes seuls. Je suis étonnée par cette intimité brutale, moi qui le pensais inaccessible et, surtout, si loin de mon monde. Je m'assieds et désigne un lot de petites cactées sur son bureau.

— Je vois que vous en avez d'autres ici !

— Oui, j'aime beaucoup les cactus, comme Trotski, paraît-il !

— En plus il paraît que ça protège du mauvais œil. Mes parents sont d'Algérie et on croit à ce genre de chose.

Par ces mots, je viens de briser la glace. Il me répond presque joyeusement :

— D'Algérie ? Les miens aussi. D'où sont les vôtres ?

— Alger et Oran.

Nous commençons à échanger sur nos origines communes. L'Algérie est une source intarissable de jubilation quand on y a ses racines. Par chance, j'ai aussi du sang espagnol.

Il enchaîne :

— J'avoue que je suis un peu étonné que vous ayez fait appel à moi pour parler de lui…

J'ai envie de répondre « moi aussi ». J'aimerais lui dire que je ne sais pas vraiment ce qui m'a portée jusqu'à lui, mais que je suis contente d'être là.

Pourtant, je n'ai jamais eu d'affinités particulières avec ses idées, mais j'ai l'impression étrange d'être un peu avec toi ici. Vous avez en commun ce que personne ne peut vous dénier : une intelligence remarquable. J'ai soudain envie de le lancer sur des sujets d'actualité et de l'écouter, comme je le faisais avec toi. Ce sont ces moments-là qui me manquent le plus.

Il poursuit :

— Je suis étonné mais j'en suis heureux. Je suis heureux de parler de lui.

La nuit se rapproche et il semble qu'il n'y ait plus personne dans les locaux. Pourtant il prend son temps. Il me remet dans le contexte de l'époque, quand il t'a connu. Mitterrand venait de te choisir comme ministre et tu n'avais pas bonne presse auprès de Mélenchon.

Il ne s'intéressait pas particulièrement à toi, car tu avais l'image du gars qui avait tiré profit de la destruction d'entreprises. Son attention s'était attardée sur toi quand tu étais devenu proche de Mitterrand.

— J'avais une grande admiration pour le président Mitterrand, et a priori toute personne qu'il repérait m'était plutôt sympathique. Je me disais : « Mitterrand a vu quelque chose. Mais c'est quoi ? »

Il remonte à votre première rencontre.

— Je sortais de l'Assemblée nationale avec Julien Dray. Comme on passe près de la rue des Saints-Pères, il me propose de l'accompagner car il a rendez-vous avec Tapie. Je me dis : « Je vais voir le gars de près, voir ce que c'est… » On entre chez Tapie, dans cet énorme machin qui est à mi-chemin entre un hôtel particulier, un palais, un appartement… Difficile à situer quand on arrive comme ça, le soir. Tapie nous installe, très aimable, mais moi je suis à 90 % gelé, à le regarder. Je ne mets pas très longtemps à comprendre de quoi il s'agit. Il y a quelque chose qui se déploie du personnage à quoi je ne m'attendais pas et qui…

Il interrompt sa phrase, fait un geste ample avec les bras.

— La pièce a l'air plutôt vide, très grande, et il commence à la remplir. À un moment donné, il se met à parler de Marseille, et alors là on passe encore dans un autre registre : il est encore plus grand dans la pièce. Il tient Marseille dans ses bras et à mesure qu'il parle il fait apparaître un monde…

Je m'émeus de cette description pleine de lyrisme. Je ne m'y attendais pas. Il continue tranquillement son récit comme si nous avions toute la nuit devant nous. Mélenchon a ce talent que tu avais aussi : donner à son interlocuteur l'impression qu'il est seul au monde. Il n'est avare d'aucun détail, d'aucun sentiment. Il n'est avare de rien et moi je ramasse tout, comme les gagnants au casino.

— Et puis, quelque temps après, je le revois avec Claude Bartolone, député socialiste en Seine-Saint-Denis. On va dans un resto et dans la bagnole on est derrière avec Bart', et Tapie parle. Il dit toutes sortes d'horreurs sur le PS. Moi, je ne dis rien, je suis complètement silencieux et contrarié mais je ne montre rien. Il n'y a aucune affliction sur mon visage. Mais lui il sent le truc et me dit : « Toi, tu n'aimes pas qu'on parle du parti comme ça… » À ce moment-là, je réalise que Tapie n'est pas juste un bateleur d'estrade qui fait le clown pour attirer les regards. Déjà, la fois d'avant, j'avais été ébranlé. Mais là je comprends qu'il est plus que la caricature qu'on m'en avait faite. Je suis plutôt favorablement impressionné. On nous apporte la carte. Le patron vient saluer le député, vient saluer Tapie, et un quart d'heure après, alors qu'on commence à dîner, toute la cuisine sort et se précipite sur Tapie pour avoir des autographes. Et ça, pour moi, c'est...

Il émet un petit sifflement d'admiration.

— ... c'est signé ! Ce type fait de la politique et recoupe une ferveur populaire. Il change de case pour moi. Il avait changé de case une première fois en montrant qu'il était quelqu'un de créatif, d'empathique ; la deuxième fois, en montrant que pour lui l'idée de parti c'est comme l'idée d'une famille. Et puis tout à coup il y a cette ferveur populaire qui, selon moi, est l'onction suprême. Depuis, je pense à lui chaque fois que je suis dans un restaurant et que la cuisine sort pour venir me voir.

Je suis touchée par tant de sincérité. Je savais que tu suscitais les émotions les plus extrêmes de la part de personnes très différentes, mais je ne m'imaginais pas une telle reconnaissance de la part de Mélenchon. Dehors il fait nuit noire, et je n'entends plus de bruit dans les pièces voisines. Je ne saurais dire quelle heure il est. Je me demande si tout le monde est parti. Cela doit faire presque une heure que nous parlons. Pourtant je ne distingue aucun signe de lassitude ni d'impatience sur le visage de mon hôte. Il enchaîne, absorbé par son récit. J'apprécie la valeur de cet instant où il me confie des souvenirs de ta vie. C'est comme revivre avec toi des moments auxquels je n'ai pas assisté. C'est un cadeau immense. On ne mesure pas la richesse d'un souvenir partagé.

— Quand les cuisines sont sorties pour saluer Tapie, avec Barto, on s'est regardés et on était déprimés tous les deux. On s'est dit : « On passe notre temps à expliquer des trucs et des machins, tout le monde s'en fout, et lui... il a un truc, il a quelque chose que je ne sais pas faire et qui fait partie du personnage. » Pour moi, un leader de gauche c'était le très sérieux Léon Blum, le magnifique Jean Jaurès ou le tragique Léon Trotski. Pas quelqu'un qui prend dans ses bras un cuisinier ! Tapie est entré dans la liste des gens qui m'ont obligé à regarder le rapport du leadership politique dans sa fonction la plus fondamentale, la plus sacrée, je dis « sacrée » à dessein. S'il était resté dans le combat politique sans se faire clouer au sol, je pense qu'il aurait été vraisemblablement élu à une présidentielle et été un leader populaire historique, pas juste un malin qui s'est bien débrouillé dans les affaires. Parce qu'il avait cette puissance d'incarnation.

Je suis médusée par cette déclaration. Il enchaîne :

— Oui, c'est là que tu vois que ce qu'il y avait dessous c'était grand. C'est pour ça que, quand on m'a dit que vous vouliez me voir, d'abord j'ai dit non, et ensuite j'ai réfléchi et je me suis dit : « Bon, ben je lui parle à cette femme, et c'est à lui que je parle. » On a de drôles d'idées quand le temps passe, vous savez… Quand on perd des amis, quand les gens disparus vous font tout à coup réaliser des tas de choses. Le dernier, qui m'a apporté un cactus, est mort. C'était mon ami le plus cher et il s'appelait Bernard. Et vous, vous arrivez avec un cactus dans les bras, ce n'est pas prévu, ce n'est pas calculé. Je pense que le temps fait des plis et qu'il vous adresse des messages. Donc votre présence, elle confirme – je le savais quand j'ai dit « oui on va la voir » – qu'un truc allait se passer. Lui est mort d'un cancer aussi, mon Bernard à moi, mon pote, et vous m'apportez un cactus… Je suis très content. Je vais méditer, maintenant. Vous vous rendez compte le temps que ça prend pour que j'arrive à comprendre ce que ça veut dire vraiment ? Mais je crois beaucoup à ça. Votre cactus c'est un message, mais lequel ?

Nous avons parlé encore longtemps de tout, de rien et surtout de toi.

À la fin de notre entretien, Coline nous a rejoints, faisant fuir nos fantômes. D'un sourire enjoué, elle a dissipé le passé où nous nous étions réfugiés tous les deux. Avant de nous séparer, nous avons réfléchi à la meilleure façon de transporter le cactus jusque chez lui. Et je suis partie avec la sensation étrange d'avoir passé la soirée avec toi.

Le cactus de Mélenchon fait partie des coïncidences troublantes qui se produisent depuis ton départ. Celui-ci y a certainement vu un message de son copain. J'y vois un message de toi. Nous saisissons tous deux les signaux qui peuvent nous indiquer que celui qu'on aimait est encore là.

Mon mari le cartésien, qui ne croyait qu'en la science, a vu toutes ses certitudes s'ébranler depuis qu'il a été confronté à ta mort. S'ouvrent devant lui d'autres possibles, une dimension spirituelle. L'inexplicable s'est invité dans sa réalité, le surnaturel est devenu une éventualité. Là aussi, comme tu l'as toujours fait, tu as emmené ton fils avec toi. Même ton décès est devenu une aventure, un spectacle, une expérience extraordinaire. Même mort, tu réussis à nous surprendre. Tu ne pouvais évidemment pas te contenter d'une mort ordinaire. Beaucoup prendront cela comme une tentative désespérée de notre part de nier ta disparition. Peut-être. Nous ne croyons en rien, donc en tout.

Il a fallu deux ans, après ton décès, pour que je retrouve mon mari. Pendant deux ans, j'ai vu Laurent ravagé par ton départ, entêté, irascible, follement enfermé dans le travail. Il avait vécu ta maladie comme si une issue fatale était impossible. Il avait cherché de nouveaux traitements partout, dans d'autres pays. Il t'avait accompagné à toutes tes chimios et avait dormi avec toi quand sa mère n'en pouvait plus, essayé de te convaincre de te laisser perfuser des antidouleurs. Il avait parlé aux infirmiers, aux médecins, aux chercheurs. Il y avait mis toutes ses forces, comme lorsqu'il était allé voir les médias pour tenter de leur expliquer l'affaire du Crédit Lyonnais, le guet-apens. Laurent avait alors créé un site internet reprenant les détails, les faits, les dates, les décisions de justice, mais celui-ci était systématiquement piraté. Il était intervenu sur toutes les chaînes. Et chaque fois qu'il rentrait il me disait, désabusé : « Les journalistes ne veulent pas comprendre, la vérité ne les intéresse pas. »

La maladie a été aussi entêtée qu'eux, elle n'a rien voulu entendre, elle a voulu aller jusqu'au bout, ne pas te lâcher.

Il avait fait tout ça, Laurent, et surtout il avait cru jusqu'à la fin que tu t'en sortirais, comme tu l'avais toujours fait. Alors quand le médecin lui a annoncé que tu ne passerais pas la nuit, il s'est effondré. J'aurai toujours en tête le bruit de son corps tombant sur le plancher du bureau. Et son cri.

Je ne sais finalement pas ce qui l'a le plus rongé.

La rage de ce que t'avait infligé l'État, le sentiment d'injustice, le gâchis des dernières années de ta vie, l'impunité de ceux qui s'étaient acharnés sur toi. Un peu de tout cela, sans doute.

Face à ton départ précipité, il y avait aussi le regret de ne jamais t'avoir vraiment épaté. Je pense que c'est ce qu'il aurait aimé, Laurent, t'épater. Comme tu l'avais épaté toute sa vie. Il aurait aimé te rendre un peu la pareille, faire un truc gigantesque, à ta hauteur, et te dire : « Tu vois, je tiens de toi. » Il avait fait de belles études, une belle carrière d'entrepreneur, mais ce n'était jamais assez. Comme à tous ceux à qui tu avais donné envie de réussir, tu avais donné ça à ton fils. Mais en grand, en très grand, en trop grand peut-être. Parce qu'il se mettait toujours une pression pas possible : il ne cherchait pas un projet, mais un exploit.

Il n'a pas été un gamin écrasé par son père. Il a été le gamin bien dans ses pompes, grande gueule, débordant de la fierté d'être ton fils.

Ton départ a été pour lui une nuit sans fin.

Laurent raconte souvent cette histoire, un jour où vous sortiez d'un match contre Auxerre en 1990. Vous êtes dans la voiture avec l'un de tes collaborateurs, Marc Fratani, ton chauffeur pendant les grandes années de l'OM, tes yeux et tes oreilles à Marseille. Quand vous quittez le parking, une foule de supporters enragés vous attend dehors. Ils ont bu, ils commencent à secouer la voiture, à monter dessus, à taper sur le toit. Laurent a 15 ans, il est sur la banquette arrière. Il te voit ouvrir la portière, sortir et pointer froidement du doigt l'un des hommes, le plus costaud. « Je vais vous prendre un par un. Toi, tu veux commencer ? » Le type recule d'un pas. D'un geste rageur, tu en désignes un autre, puis encore un autre. « Toi ? Toi ? » Un par un, les types reculent en silence. Tu enchaînes sur un ton rageur : « Alors vous arrêtez vos conneries et vous nous laissez passer ! » Tu es remonté dans la voiture et la foule s'est écartée.

Il y a eu longtemps chez Laurent une part de ce gamin qui avait assisté à toutes tes victoires. Elle l'a quitté quand tu nous as quittés. Car, même si en vieillissant il avait pris conscience de tes faiblesses, il n'a jamais pu croire un instant qu'un jour tu serais vaincu.

« Salut, Marc, c'est Bernard Tapie. Voilà, je t'appelle parce que j'suis presque au bout du parcours et voilà. J'm'en fous de ce que t'as pu dire après, ce qui compte c'est ce qu'on a vécu avant... Voilà. Si tu veux m'appeler tu peux. Allez, à bientôt peut-être. J't'embrasse. »

Marc Fratani vient de m'envoyer l'enregistrement du dernier message que tu as laissé sur sa boîte vocale. Il date du 20 novembre 2020, un an avant ta mort. Quand je le reçois, je suis seule chez moi. C'est le soir et tout est silencieux. Je commence à l'écouter. J'entends ta voix massacrée par le cancer. Dans cet enregistrement, elle est si réelle. Je t'entends cette nuit dans mon appartement vide, je t'entends près de moi.

Ce n'est pas comme revoir tes interviews télévisées. Là, c'est toi, sans aucun fard. Toi qui as pris ton téléphone à la fin de ta vie pour parler à un ami. Pourtant, celui-ci t'avait sali dans les journaux et avait écrit un livre à ta charge. Je reconnais cette façon que tu avais de ne jamais être rancunier trop longtemps et de revenir vers les gens, même s'ils t'avaient trahi. De ne retenir que le bon. Quand tu appelles Marc, il n'y a plus de rancœur, plus de fierté dans ta voix. Il n'y a que l'essentiel : une dignité qui te porte au-dessus du reste. Tu parles lentement, comme si tu étais allé chercher très loin chaque mot.

Ce message de quelques secondes dit tout de toi.

On y entend ton sens de l'amitié, ta capacité à te détacher de la mesquinerie humaine, une grandeur d'âme.

Mais ce qui me frappe le plus en le réécoutant, c'est ta résignation. Tu as eu un an avant ton décès ce moment de lucidité. Et tu te préparais à réussir ta mort en te réconciliant avec ceux qui avaient compté pour toi.

J'envoie un message à Fratani. Il est 22 heures et il ne dort pas. Il me dit qu'il se couche très tard et qu'on peut s'appeler maintenant. Je connais Marc depuis l'époque où, adolescente, j'ai débarqué dans votre vie. Il était ton attaché parlementaire à Marseille. Quand il décroche, sa voix a vieilli. Elle me ramène trente ans en arrière, mais avec l'usure du temps qui passe. Il est content de pouvoir parler de toi.

Il évoque tout de suite les tensions qu'il y a eu entre vous. Il me dit :

— Tu sais, je ne lui ai pas parlé pendant des années et après j'ai compris que ce n'était pas sa faute.

Il s'étend mais je n'écoute pas. Je ne veux pas connaître l'objet de votre dispute. On s'en fout. Tu es mort. Il insiste. Il s'excuse. Il s'en veut. Il me désigne le coupable.

Parler à Marc me renvoie à l'époque des matchs de l'OM, car c'était lui qui nous emmenait au Vélodrome et venait nous récupérer. Les rares fois où tu n'allais pas assister aux matchs, nous les regardions en famille, au cours de soirées teintées de superstition. Des amis se joignaient parfois à nous, sauf s'ils avaient été désignés comme de potentiels « chats noirs ». Nous devions alors nous plier à un rituel immuable :

– Arriver au moins dix minutes avant le début du match sous peine de subir tes foudres.

– S'asseoir à une place bien précise, correspondant à celle qu'on occupait lors de la précédente victoire de Marseille.

– Sophie, encore petite fille, devait te dire « merde » à toi et, éventuellement, aux joueurs par téléphone, pour porter chance à l'équipe.

Si le match n'était pas diffusé à la télé, les dîners se passaient dans une atmosphère tendue que seule venait troubler la sonnerie du téléphone annonciatrice d'un but. Nous retenions notre souffle quand tu décrochais, attendant de voir ta réaction pour déceler qui, de nous ou de l'équipe adverse, avait marqué. Quand nous séjournions sur le bateau, Laurent écoutait la retransmission à la radio dans le quartier de l'équipage et surgissait dans la salle à manger au rythme des changements de score. C'était il y a longtemps et pourtant je peux encore ressentir la tension oppressante qui pesait sur nous. Était-elle due au match lui-même ou à la crainte de tes réactions en cas de défaite ? Je ne saurais le dire.

Mais ce n'est pas pour parler de l'OM que j'ai appelé Marc. Je veux qu'il me mette en contact avec quelqu'un qui s'est occupé de toi en prison.

— Trouve-moi quelqu'un, Marc, un maton qui pourrait nous raconter comment il a vécu ça.

Marc me répond :

— Moi, j'allais le voir tous les jours, je peux tout te dire.

Et, avec l'accent de Marseille, il me relate ses visites quotidiennes à la prison de Luynes. Tu y as été accueilli comme un héros par les prisonniers scandant « Tapie » et tapant sur les portes à mesure que tu avançais. Cette clameur de ton nom résonnant dans les couloirs t'a porté jusqu'à l'entrée de ta cellule.

L'OM avait fait de toi un dieu vivant puis t'avait jeté dans une cage.

Marc n'avait alors décelé chez toi aucun signe de fragilité. Comme toujours, tu t'es adapté à ce nouvel environnement où tu ne bénéficiais d'aucun traitement de faveur, si ce n'est l'accès au parloir des avocats, qui te permettait d'avoir un peu plus d'intimité pendant les visites. Malgré les murs et les barreaux, tu as réussi à te créer un lien social dans la prison par des correspondances de fenêtre à fenêtre.

Je me souviens de la première fois que je vous ai accompagnés en vacances, dans les années 1990. Nous étions sur une plage, le *Phocéa* accosté au large. Tu arpentais le sable avec un énorme téléphone mobile, l'ancêtre du portable. Tu avais une semaine pour lever 2 milliards de francs pour le rachat d'Adidas. Cette machine étrange avait intrigué la gamine que j'étais car, à cette époque, seuls quelques privilégiés pouvaient avoir accès à ce genre d'appareil. Des années plus tard, tu glissais de petits bouts de papier entre les barreaux d'une cellule pour pouvoir communiquer avec quelqu'un...

Marc évoque ton pouvoir d'adaptation phénoménal. C'était sans doute finalement ta plus grande qualité. L'atout qui t'a permis de ne jamais être déstabilisé.

Malgré vos différends, l'admiration qu'il te voue est restée intacte. Il se souvient que lorsqu'il te rendait visite à la prison tu lui faisais parfois des demandes curieuses : « Marc, apporte-moi une écorce d'arbre la prochaine fois que tu viens... – Une écorce, Bernard, mais pourquoi ? – Parce qu'il y a un détenu, dans une des cellules d'à côté, il est enfermé là depuis tellement d'années qu'il n'a qu'un rêve : toucher un arbre. »

Voilà. Ça, c'était toi. Toi qui voulais une fois de plus qu'un rêve se réalise. Le tien ou celui d'un autre, peu importait.

Tu étais l'homme de tous les rêves.

En raccrochant, j'ai réécouté en boucle le message que tu avais laissé à Marc et qui me faisait croire que tu étais là, à téléphoner dans la pièce d'à côté, comme avant : « Salut, Marc, c'est Bernard Tapie. » « Allez, à bientôt peut-être. » « C'est Bernard Tapie. » « ... Bernard Tapie... »

Toute la nuit.

TAPIE, TAPIE, TAPIE.

Ça recommence.

Partout, sur les bus, les kiosques, dans le métro et sur les réseaux sociaux. On te voit partout. Ou plutôt on voit la tête d'un acteur grimé en toi. Encore une fois, on a pris ton nom et on l'a exhibé sur les murs de la ville, dans le générique d'une série Netflix on l'a fait scintiller comme une devanture de bordel et on s'est fait de l'argent avec.

Même mort, tu te fais voler.

Comme si nous n'avions pas déjà été assez dépossédés de toi quand tu étais là, des vautours sont revenus se partager ta dépouille et attirer le chaland ; on lui a vendu du Tapie, mais il n'était pas dedans.

Non, nous n'avons pas aimé la série *Tapie*, car elle est remplie de paroles qui ne sont pas les tiennes, d'histoires que tu n'as pas vécues, de larmes que tu n'as pas versées. Tu n'as jamais eu besoin de quelqu'un pour prendre les décisions à ta place, préparer tes débats et tes émissions, tu n'as jamais supplié aucun président, tu n'as bafouillé devant aucun juge, tu n'as jamais eu l'« idée de génie » de filer des tartines de confiture aux jeunes de banlieue.

Nous n'avons pas aimé, et toi tu as dû te retourner dans ta tombe.

Hermès ou Chanel peuvent attaquer quand on produit une imitation de leurs sacs. Une famille ne peut rien faire contre la contrefaçon de l'un des siens. Même si la copie est minable. C'est le problème lorsque des scénaristes de téléfilms essaient de penser comme toi : ça donne une fiction beaucoup moins brillante que la réalité.

Il paraît que la série a bien marché. Il paraît qu'elle a rapporté beaucoup. Tant mieux pour eux. Mais leur plus grande chance c'est que tu ne sois plus là pour leur en parler.

Tout n'avait pas bien commencé entre nous.

Je me suis parfois demandé pourquoi nos rapports avaient été si tendus au début.

À force d'y réfléchir, mes pensées m'ont conduite jusqu'à l'enfance, cette période dont je sortais quand nous nous sommes rencontrés. Je me souviens d'un moment en particulier. J'ai 12 ans. Je suis assise au bord de la forêt amazonienne. Au fond de mon jardin, à la lisière entre la civilisation et la nature. Parfois un habitant de la jungle franchit cette frontière. Un serpent noir aux anneaux colorés se glisse dans mon territoire, fait crisser silencieusement l'herbe desséchée. Mais jamais l'inverse. Jamais je ne m'aventure de l'autre côté. Je suis convaincue qu'au pied des arbres gigantesques, sous les larges feuilles de balisiers, se cache un enchevêtrement d'anacondas, un amas grouillant de reptiles. C'est ce que je m'imagine. Je suis encore une enfant et je me suis fixé cette limite dans la liberté que m'offrent mes parents. Alors je reste là, immobile, à contempler, depuis la pelouse qui les surplombe, les arbres centenaires chargés de lianes, alignés à perte de vue. Souvent Carine, ma meilleure amie, est avec moi et nous nous planquons derrière les buissons d'ananas dont les cœurs abritent des nids de mygales pour nous rouler nos cigarettes – herbes sèches et feuille de cahier. Avec un peu de chance, alors que nous fumons en silence, nous assistons au ballet des singes venus en troupe piquer les fruits du caïmitier. Carine est mon amie d'enfance, la première petite fille que j'ai rencontrée quand je suis arrivée ici, à l'âge de 4 ans. Les traits de son visage sont un mélange de toutes ses origines, guyanaises, chinoises et corses. Il n'y a pas de plus beau visage que celui-là. Mes parents sont trop occupés pour me surveiller et je dispose d'une liberté totale dans cette vie où le calme règne et où je ne demande rien d'autre que de profiter de la nature, grimper aux arbres, aller nourrir les aras de nos voisins, guetter au petit matin les agoutis mangeurs de mangues et laisser mon esprit vagabonder lui aussi. La seule injonction qui surgit à un rythme régulier de la maison est ce cri lancé par mon père à travers les moustiquaires : « Babie, mets des chaussures !! » Injonction à laquelle je ne me suis jamais pliée. Oui, mon père me surnommait « Babie », ainsi que tu l'as fait jusqu'à la fin.

Alors, lorsque j'ai débarqué dans cette maison où tu étais le patriarche, où tout était sous ton contrôle et où rien n'échappait à ta surveillance, je me suis rebellée.

La première fois que je t'ai rencontré, j'avais 17 ans et j'étais la belle nana que Laurent avait ramenée à la maison. Pendant un temps, ça t'a amusé. Puis, progressivement, tu t'es rendu compte que je n'étais pas que ça. J'avais du caractère et je ne supportais pas ta façon de parler aux gens, de vouloir tout diriger, ce ton détestable que tu employais souvent. Ton tempérament de macho n'arrangeait rien à l'affaire. Je ne me laissais pas marcher sur les pieds et je te répondais. Surtout, j'étais celle qui venait te prendre ton fils quand il regardait un match avec toi. Dans ces moments-là, tu ne pouvais pas t'empêcher de faire une réflexion et de me lancer un regard noir. Quelqu'un perturbait le petit monde sur lequel tu régnais.

Puisque nous étions tous deux très sensibles, nous interprétions la moindre intonation, le moindre regard que nous jugions bizarre comme une potentielle agression. Nous étions plongés dans une espèce de paranoïa latente. Ces disputes finissaient immanquablement par ma fuite, les yeux emplis de larmes face à tant de rage.

Lorsque, un jour, c'est allé trop loin, Laurent et moi avons décidé de quitter la maison familiale.

Quelques jours après ce clash, tu interrogeais Dominique :

— Les enfants font la gueule ? S'ils ne sont pas contents, ils peuvent partir…

— C'est ce qu'ils vont faire, ils ont trouvé un appartement, ils déménagent.

Tu n'as pas su quoi répondre. Cette décision a été pour toi un uppercut en pleine face. Tu ne t'y attendais pas. Tu voulais que tes enfants restent dans ton giron, qu'ils vivent chez toi. Si l'un s'échappait, tu en saisissais un autre pour le ramener dans ton antre telle une pieuvre étirant ses tentacules. Ta famille était ton noyau, ta force vitale, le cœur de toutes tes dispersions. Aussi loin que t'emmenaient tes aventures, tu revenais toujours vers nous pour panser tes blessures, te recharger avant de repartir. Soudain, Laurent et moi te montrions que nous étions autonomes et pouvions vivre sans toi. Brutalement. Tu nous en as voulu, mais c'était une étape nécessaire pour nous faire respecter.

J'ai appris par la suite à contrôler mon émotivité. À n'en rien montrer. Parce que tu savais aussi lire sur le visage. Il suffisait qu'on entre dans la pièce pour que tu décèles si quelque chose n'allait pas, si nous étions mal à l'aise, si nous venions de nous disputer. Tu nous lançais alors immanquablement un « Qu'est-ce que t'as ? » sec et tranchant. Sur une assemblée de 20 personnes, tu pouvais saisir le moindre signe de contrariété, si furtif soit-il. Il te suffisait de quelques secondes pour disséquer une âme. Tu savais capter les silences, les rictus, le frémissement d'un regard. Marc Fratani me disait que tous tes sens étaient décuplés. C'était vrai, et le plus développé était celui-là : ta perception aiguë des autres. Après ton départ, j'ai réalisé que j'avais passé tous ces moments avec toi dans le contrôle et que, soudain, cette pression retombait.

D'autres étapes ont définitivement mis fin à nos disputes. Mes succès professionnels, mon premier livre, la naissance de tes petits-enfants, nos discussions politiques sans fin. Toutes ces petites briques qui avaient fait de moi à tes yeux une femme plus forte. Car tu ne respectais que la force et l'intelligence. Tu ne laissais aucun répit. Renoncer à l'une ou l'autre, c'était renoncer à toi.

« Tapie… Tapie, comme Bernard. »

Combien de fois ai-je prononcé cette phrase pour que mes interlocuteurs écrivent correctement mon nom ?

Et surtout, combien de fois, quand je donne ce nom, la personne en face me répond-elle : « Tapie… Tapie, comme Bernard ? » Et presque toujours ces mots sont suivis par un sourire, des compliments sur toi et par cette phrase : « C'est lui qui m'a donné l'envie de réussir. »

Cela se produit encore aujourd'hui, trois ans après ta mort. Un chauffeur de taxi, des gens que l'on croise, en France, ailleurs, partout, de toutes origines, nous parlent de toi et tu es alors vivant sur leur visage et dans les mots que nous échangeons.

J'ai entendu dire que Xavier Niel faisait partie des personnes qui t'appréciaient. Je me souviens comme si c'était hier de ta joie quand il t'a contacté pour la première fois et de ta fierté quand tu nous as dit : « C'est moi qui lui ai donné envie de réussir. » C'était une période sombre. La cour d'appel venait de casser l'arbitrage qui t'avait accordé

403 millions d'euros et il était venu déjeuner avec deux autres entrepreneurs à succès, Marc Simoncini et Jacques-Antoine Granjon. Le 9 mars 2015.

À partir de ce jour, tu as gardé un lien avec Niel. Il s'est renforcé à la fin. Xavier t'a accompagné sans relâche tout au long de la maladie.

J'étais toujours surprise de le voir débarquer au moins une fois par semaine au cours des derniers mois et s'asseoir près de toi pendant des heures. L'un des hommes d'affaires les plus en vue du moment libérait son agenda en pleine semaine pour te tenir compagnie, se posant sur une petite chaise près de ton lit. Il t'écoutait parler, te laissait dominer vos échanges et tu le charriais toujours, le rabrouant même parfois comme si l'un de tes gosses était passé te voir. Tu étais au fond de ton lit en train de mourir, ruiné, et tu demeurais pourtant le chef de la bande. Aucun de vous deux n'était dupe, mais il subsistait un respect pour ce que tu avais été.

Tu pouvais tout lui demander et il faisait tout pour t'aider. Il y avait eu entre vous un coup de foudre amical, comme si vous vous étiez rencontrés avant, dans une autre vie. Celui que tu connaissais depuis quelques années devenait l'ami de toujours, et cela m'étonnait chaque fois que je vous voyais ensemble.

J'avais du mal à comprendre, parce que Xavier ne disait pas grand-chose, n'exprimait rien hormis des blagues joyeuses et le sourire bienveillant qu'il posait sur toi. Il avait les réseaux, l'argent et la jeunesse, il était le substitut de cette puissance que tu avais perdue et tu t'y ressourçais comme à une perfusion de pouvoir plantée dans ton bras.

Il était un peu toi, mais trente ans auparavant, et je voyais parfois passer dans tes yeux l'agacement de celui qui avait devant lui tout ce qu'il n'était plus.

En de rares occasions, Xavier venait prendre le thé avec sa compagne Delphine Arnault. Tu les accueillais autour du quatre-quarts de Dominique ou d'une tropézienne achetée chez le meilleur pâtissier de la ville. Avec Laurent et Sophie, nous guettions sur le visage impassible de Delphine le tressaillement qui indiquerait que tu avais dérapé. Quand tu recevais une personnalité, tu étais un peu plus attentif à bien te tenir à table, mais le naturel finissait toujours par revenir. Un léchage de couteau intempestif, un bout de tropézienne avalé un peu trop goulûment laissant quelques fragments de biscuit au coin de ta bouche. Mais Delphine ne laissait rien paraître, pas même un rictus, coincée entre Xavier et Bubble, ton gros cane corso dont les babines dégoulinaient d'une bave visqueuse, assis, tel un humain, sur son postérieur, adossé aux gros coussins du fauteuil. Ce monstre grognant pour un bout de gâteau participait à cette cérémonie du thé totalement saugrenue durant laquelle, entre deux tintements de cuillère en argent au fond d'une tasse en porcelaine, tu lâchais un « enfoiré » ou autre nom d'oiseau.

Quand on arrive au siège d'Iliad, le groupe de télécommunications fondé par Xavier Niel, on est impressionné par la beauté des lieux. Passé les portiques de sécurité de l'hôtel particulier, on se retrouve face à un fronton orné de colonnes, dans une cour intérieure coiffée d'un toit vitré.

Cela donne l'impression que le propriétaire s'est emparé de ce symbole de la vieille bourgeoisie parisienne pour le dépoussiérer. Niel arrive à faire du neuf avec du vieux, du cool avec du coincé.

Lorsque tu as acheté l'hôtel de Cavoye à Hubert de Givenchy, tu as été plus précautionneux, tant tu étais heureux de posséder ce qui ferait de toi un bourgeois. Tu l'as meublé d'objets anciens, décoré de velours et de lustres en cristal ; tu n'as pas voulu modifier quoi que ce soit. Au contraire, tu as convoqué l'histoire de ce monument historique et tu l'as installée dans les lieux. Tu t'es glissé dans les draps de la bourgeoisie parisienne et tu n'as pas bougé, abasourdi d'être arrivé jusque-là. Tel le gamin s'infiltrant dans le lit de ses parents et se faisant tout petit de peur de les réveiller et de se faire virer.

Ta discrétion s'arrêtait au seuil de ton palais, puisque dès que tu mettais le nez dehors tu ne pouvais t'empêcher de crier aux bourgeois : « Regardez, maintenant, je suis comme vous ! »

« Vous êtes attendue. » Par ces mots, l'hôtesse d'accueil m'arrache à ma rêverie. Un type baraqué s'avance vers moi et me conduit jusqu'à Niel. Il est affable. Il me fait la conversation tandis que nous montons dans l'ascenseur. Ici, même les agents de sécurité sont relax. Il m'invite à m'asseoir dans le canapé confortable d'une salle d'attente monochrome. « Il va venir », me dit-il en partant. Cette promesse se réalise moins d'une minute plus tard. Niel arrive, vêtu de sa tenue fétiche : chemise blanche et jean Céline. Je le suis. Comme toujours, il est sympa et parle vite. L'endroit est désert et l'on passe d'une pièce à l'autre dans la monotonie de tons beiges et gris ; un dédale de design froid. On s'installe autour d'une table de réunion ovale. Il me sert à boire, me demande des nouvelles de la famille. J'ai tellement l'impression de débarquer chez un copain que j'oublie de démarrer mon enregistreur. Il me le rappelle tout de suite. Sous son apparente légèreté, Niel est à l'affût des moindres détails. Il ne me consacre que trente minutes, ce qui me semble peu par rapport à l'importance que j'accorde à votre relation.

On entre tout de suite dans le vif du sujet.

Je commence par l'angle qui me semble le plus évident :

— Bernard, c'est quelqu'un qui t'a influencé dans la vie…

Je n'ai pas le temps de finir ma phrase qu'il m'interrompt :

— Oui, tout le monde dit ça et je ne veux décevoir personne… Tout le monde dit « influencer », les gens utilisent toujours ce mot comme ça. Disons que, quand t'avais 18 ans, que tu venais de Créteil et que t'étais un gamin qui avait de l'ambition, Bernard Tapie ça représentait un truc, un machin, une image incroyable.

Je suis sidérée. J'insiste :

— Parce que la légende dit que…

Il m'interrompt en souriant :

— … j'aurais jamais été entrepreneur sans Tapie… Je ne veux pas ne pas faire plaisir à tout le monde. C'est peut-être un petit chouia exagéré, mais c'est une figure mythique.

— Parce que, d'après Bernard, lorsque tu es venu déjeuner avec lui pour la première fois, tu lui as dit qu'il avait toujours été un modèle pour toi.

Xavier se tait, son sourire parle pour lui. Il me montre les messages échangés avec Marc Simoncini et Jacques-Antoine Granjon en janvier 2015, avant votre première rencontre :

M. Simoncini : *Vous voulez pas faire un déj avec Bernard Tapie et moi ?*

J.-A. Granjon : *Oui, déjeunons avec lui et Xavier, on va bien rigoler.*

M. Simoncini : *Ah, ça, c'est sûr, ça peut être un grand moment !*

X. Niel : *OK !*

Et c'est tout. Alors ça s'est fait comme ça ! Voilà de quoi est née votre première rencontre. Un bref échange entre Niel et ses potes ; un hasard, presque. Je tombe des nues. Ce n'est pas la version que tu m'avais donnée. Tu en avais rajouté des tonnes, une fois de plus. Et pourtant j'ai la sensation que Xavier fait l'inverse. Il ne joue pas vraiment le jeu, il ne se livre pas.

J'essaie de le mettre en porte-à-faux.

— Tu étais quand même celui qui venait le plus souvent le voir quand il était malade.

— Oui, mais en fait on avait pris l'habitude de se voir depuis que j'avais une participation dans *La Provence.* C'était marrant parce qu'il me demandait toujours mon avis alors que je ne représentais que 10 %. Je ne sais pas s'il le faisait parce qu'il m'écoutait vraiment ou parce qu'il se disait : « Ça ne coûte rien de demander. » Je lui répondais : « Bernard, c'est toi qui décides, t'es chez toi ! »

Xavier rigole un peu et revient sur votre rencontre :

— Je sais que l'histoire ne raconte pas ça. Je laisse vivre l'histoire, tu l'écris comme tu veux. Je n'aurais jamais fait la démarche d'aller le déranger, je suis timide. Je ne me vois pas l'appeler et lui dire : « J'aimerais vous voir. »

C'est amusant, je ne voyais pas Xavier Niel en garçon timide. Pudique, en revanche, certainement. Sa façon de me dépeindre votre amitié me porte à le croire. Cette espèce de détachement qui exprime l'opposé du temps qu'il a passé à tes côtés.

— Je l'ai vu super malade, au fond du trou, mais même au fond de son lit, à quelques jours de sa mort, il avait encore une énergie de dingue. Il avait plus d'énergie que moi, qui avais quelques années de moins et n'étais pas malade. Toujours plus d'énergie, toujours l'idée que le lendemain soit il allait gagner son procès, soit *La Provence* allait vendre dix fois plus d'exemplaires. Toujours d'un optimisme délirant. Dans la série Netflix, ce n'est pas lui, je ne reconnais pas son énergie ni son optimisme, il a quasiment tout le temps des passages à vide. Dans la vie il était toujours dans une stratégie à trois bandes où il anticipait le coup d'après, soit pour son procès, soit pour *La Provence*. C'était ça, Bernard, de grandes idées positives. Et pareil sur sa maladie, quand j'avais parlé à Spano il m'avait dit qu'il n'avait pas beaucoup d'espoir, qu'on ne pouvait plus rien faire, mais quand j'entendais Bernard on avait trouvé un traitement révolutionnaire… Il était tellement optimiste qu'il n'avait rien organisé, puisque dans sa tête tout allait bien se terminer… Il a juste eu cette période mystique avec le pasteur, quand il commençait à avoir un chapelet, et je me suis dit : « Oula ! On est partis dans le bizarre. » Et je le questionne : « Il ne te demande pas d'argent ? – Mais non, mais non, tu ne comprends rien. » J'ai pensé qu'il y avait un escroc qui commençait à lui tourner autour. Je ne voulais pas être celui qui allait lui dire que l'envoyé de Dieu ou de Jésus était en fait un escroc. Là aussi, dans son optimisme, il pensait que Dieu venait le chercher, lui parler et lui dire : « Tu vas t'en sortir. »

Il s'arrête quelques secondes et reprend, pensif :

— Donc c'était ça, nos discussions, on était dans le canapé ou dans sa chambre, en principe toutes les semaines… J'avais ma petite chaise sur le côté, dans le va-et-vient des infirmiers, des visiteurs et de sa femme, parce que les portes étaient toujours ouvertes… J'étais content de passer une heure avec lui, c'est une chance, j'aurais adoré que ce soit filmé pour moi, parce que c'était un mec incroyable… Quand tu vois un mythe, t'es content de voir un mythe. T'arrives, il est là, il est au fond de son canapé, il sort de la chimio et cinq minutes après il est debout en train de te mimer une scène avec les bras dans tous les sens… Il se fait balafrer le visage pour enlever une partie cancéreuse, je lui dis « Mais ça va ? » et il me répond « Ouaip ouaip ! Ah, tiens, demain faut que je me fasse découper… ». Le mec toujours super *strong*… Ou alors il est malade, il te fait une paella, et tu le vois sortir de la cuisine avec son grand tablier blanc taché de tomates, et c'est hyper bon et toujours sympa…

À cet instant, je lis dans son regard une esquisse de tendresse, une nostalgie des moments qu'il a passés avec toi, et je me dis que je m'approche enfin de ce que j'étais venue chercher.

— Ensuite, il y a eu son agression à la campagne… Il a un cancer, il va se faire 50 bornes de vélo, il a des cocards partout, et chaque fois tu te dis ce n'est pas possible, c'est un film, le mec est un énorme mytho ! Mais du coup nos entretiens étaient toujours marrants… Et quand *Le Monde* a sorti sa nécro par accident, il était furieux et en même temps c'était assez drôle parce qu'il y avait une part de lui qui était fière qu'on ait préparé une nécro sur lui. Donc là je m'en suis pris une bonne, mais finalement ça ne lui déplaisait pas tant que ça…

Il rit et continue.

— Il avait fait cette remarque hilarante : « Je suis désolé de vous décevoir, ma nécro, ce n'est pas pour tout de suite. »

Je me marre en pensant qu'il t'arrivait même d'engueuler Xavier Niel.

J'aimerais avoir l'avis de Xavier sur Tapie l'homme d'affaires. C'est aussi pour cela que j'avais envie de le rencontrer. Savoir de quelle façon tu étais perçu par tes congénères. Quelles ont été tes erreurs, d'après lui. Son avis, sur cette facette de ta vie, compte aussi. Parce que chez toi tout était imbriqué : l'intime et le business, le privé et le public tant tu ne fixais aucune limite, ne t'enfermant jamais dans rien. Il n'y avait pas de cases, le monde était pour toi un immense terrain de jeu où seuls ton instinct et tes émotions te guidaient. Entrepreneurs, communicants, agents de foot, avocats ; tes meilleurs amis étaient d'ailleurs tous des gens avec qui tu avais travaillé.

— Comment tu interpréterais sa chute ?

Il me répond sans réfléchir :

— Je dis souvent cette phrase : « Comment on devient millionnaire ? On était milliardaire et on a fait de la politique. » Cela dit, je ne suis pas sûr qu'il aurait changé quoi que ce soit si ç'avait été à refaire ni qu'il aurait évité de faire de la politique même si on lui avait dit : « Tu auras une belle vie financière jusqu'à la fin de tes jours. » Non, je ne suis pas sûr qu'il aurait pris ce chemin. Moi, au départ, j'avais les échos de l'establishment parisien selon lequel Bernard Tapie avait tort, c'était un mec démerdard qui avait trouvé un angle et qui s'était fait l'État. Et un jour j'ai lu un truc incroyablement éclairant pour moi : le jugement de première instance, le premier jugement qu'il a gagné. Tu lis le jugement, tu te dis : « Il s'est fait gruger comme un enfant. » Avant, tu avais lu des histoires avec des angles, des biais qui étaient des retranscriptions. Et là, t'as 240 pages que j'ai lues d'une traite en une nuit, et tu te dis que ce truc est une hallucination.

Il répète :

— En fait, il s'est fait gruger comme un enfant !

Je suis heureuse d'entendre de la bouche de Xavier Niel ce que tu avais essayé de dire aux Français depuis tant d'années. J'évoque avec lui l'une des décisions les plus troublantes que tu aies prises dans ta carrière de chef d'entreprise :

— Mais l'homme d'affaires que tu es n'est pas sidéré qu'il ait laissé partir Adidas comme ça ?

— Tu connais cette phrase : « Le moment le plus sexy avec une femme, c'est quand tu montes l'escalier » ? Son truc à lui c'était d'augmenter les recettes, trouver un biais pour raconter une histoire, c'était un créatif ! Donc une fois qu'il avait trouvé l'idée pour relancer la machine, ça l'excitait moins. Pour Cœur-Assistance, il a eu une idée de génie, mettre un boîtier à disposition des cardiaques pour les relier directement à des ambulances, mais la mise en œuvre ce n'était pas trop son truc. Pour les piles Wonder, c'est pareil. Il s'est dit : « Je m'utilise moi, je crée l'énergie, je représente l'énergie et je me mets en scène. » Les magasins La Vie claire étaient des endroits encore plus mortels que des pharmacies. Il a réussi à donner une image un peu sexy, un peu fun à la marque. Lui, il arrivait à créer du CA en créant une image différente !

— Et toi, qu'aurais-tu fait différemment de lui ?

— Compliqué de répondre à ça. Peut-être de temps en temps modérer un peu cet optimisme, mettre un peu plus de réalisme pour ta famille et tes proches et te dire : « J'ai quand même une chance d'y passer. » Moi je suis super optimiste, je crois toujours que le lendemain sera mieux, mais je ne pense pas être à son niveau. Je suis moins bon que lui, je suis un peu débutant dans l'optimisme… Je peux m'améliorer.

Il sourit.

J'aime bien cette image de votre compétition dans l'optimisme. Elle vous va très bien. Même dans les périodes les plus sombres, je garde le souvenir des blagues qu'il te lançait et des vannes que tu lui renvoyais tout le temps, l'œil espiègle, en concluant toujours par un « Il est marrant, Niel, hein ?! ».

Tu étais trop fier pour te laisser abattre devant lui et il ne montrait jamais le moindre signe d'apitoiement.

J'ai fini l'entretien un peu sur ma faim. Xavier avait gardé un ton détaché durant tout notre échange, un peu comme quelqu'un qui avait vécu l'histoire de l'extérieur, en spectateur. Je n'avais pas vraiment ressenti d'émotion. Et pourtant. En rentrant à la maison, quand j'en ai parlé à Laurent, il m'a rappelé que, après ta disparition, sa petite sœur, Sophie, avait tenu à récupérer ton numéro de téléphone afin qu'il reste en service. Comme tous tes amis, Xavier Niel l'ignorait.

Trois mois après ta mort, le soir du jour de l'An, elle recevait, sur ton numéro, ce message venant de lui :

Je pensais à toi, Bernard, car j'aurais voulu te souhaiter une bonne année 2022. Je ne sais pas si on reçoit les SMS au paradis.

Ce message a répondu à toutes mes questions.

En sortant du bureau de Xavier, je saute dans un taxi, la tête remplie de toi. Le bonhomme est nerveux. Il appuie sur l'accélérateur et se faufile entre les voitures. J'enfonce mes Earpods dans mes oreilles, je mets le son à fond : *Opus*, d'Eric Prydz. Je ferme les yeux et c'est toi qui conduis. Je reviens trente ans en arrière.

Dominique est à l'avant, Laurent et moi derrière vous. Nous sommes sur une route de montagne. Les virages s'enchaînent comme sur un circuit. Tu les prends à la corde, tu freines, accélères, déboîtes, doubles avec une précision de pilote. Nous allons beaucoup trop vite. À gauche c'est le précipice, à droite la paroi rocheuse. Mes mains sont moites. Laurent est blême. Il a été malade toute la semaine et ce trajet n'arrange rien. La Renault a l'odeur écœurante des voitures neuves. Tu te déportes au dernier moment pour éviter de justesse un camion qui nous fonce dessus. La voiture tangue dangereusement. Tu ne cilles pas, Dominique non plus. Les virages s'enchaînent. Nos corps sont secoués. Je sens la ceinture se serrer contre mon torse. J'étouffe. Laurent finit par vomir. Il y en a partout. Le temps de nettoyer, nous sommes très en retard. Mais aucun retard ne t'a jamais arrêté. Tu redémarres à fond. Les paysages défilent de nouveau à vive allure. Avec la vitesse ils se transforment en une bouillie de gris et de neige. Nous entrons dans Gap et tout est bloqué. On se retrouve à l'arrêt sur une nationale à deux voies. Le bouchon est si long qu'on n'en voit pas le bout. Tu déboîtes pour tout prendre à contresens. De temps en temps tu te rabats in extremis quand une voiture arrive en face. On entend des coups de klaxon furieux, on aperçoit derrière le pare-brise des voitures qui nous croisent des visages affolés. Soudain, un bruit de sirène. Des gyrophares nous poursuivent. Tu regardes dans le rétro et tu nous demandes : « C'est pour moi ? » Comme si ce n'était pas une évidence. Avec Laurent, on éclate de rire. On a 17 ans et ce moment est un film. Les flics se mettent à notre hauteur et frappent au carreau. Et là tu fais ce truc incroyable. Tu baisses ta vitre et tu leur cries à la figure : « Mais vous ne voyez pas que je suis pressé ??? » Ils sont tellement sidérés de voir Tapie rouler comme un fou furieux en plein Gap qu'ils ne répondent rien. Ils te font vaguement un petit signe. Tu l'interprètes comme un « OK » pour repartir. Tu redémarres à fond et nous continuons notre course effrénée. Dans un tunnel étroit, on se retrouve derrière une petite voiture de type Twingo. Elle se traîne et bouche le passage. Malgré tes coups de klaxon, elle ne bouge pas. Au contraire, elle ralentit. Tu remets les gaz et donnes un petit coup dans son pare-chocs pour la pousser. La Twingo oscille et finit par s'arrêter sur le côté. Une vieille dame est au volant, échevelée. J'aperçois ses yeux exorbités derrière ses lunettes. Le temps que je me retourne, elle est déjà loin. Dans la dernière ligne droite tu accélères encore mais on rate la sortie. Alors tu serres violemment le frein à main pour faire demi-tour. Nous entendons le cri des roues sur le goudron. Nous arriverons cinq minutes avant le départ du train et Laurent pourra passer son bac blanc à Paris le lendemain.

Toute ma vie je me rappellerai cette course folle vers la gare de Gap comme si c'était hier.

Le temps de ma rêverie, le taxi me dépose devant chez moi. *Opus* égrène ses dernières notes. Celles où le rythme redescend, se calme, en une rengaine touchante et répétitive. J'aime ce morceau qui me fait penser à toi.

Durant ce trajet en voiture entre le Sauze et Gap comme durant tous ceux que j'ai partagés avec toi, je n'ai pas eu peur. Tu adorais conduire et tu dégageais une force et une assurance qui me faisaient penser que rien ne pouvait nous arriver. Comme Laurent, j'avais pour toi cette confiance qu'on peut avoir pour un père. Je réalise que toute ma vie tu m'as aidée à apaiser mes craintes. Je te les confiais et tu te débrouillais avec. Tu trouvais toujours une explication rationnelle et c'était dit avec tant de conviction et de pragmatisme que cela marchait. Ainsi, face à des situations stressantes, je te refilais mes peurs et il en ressortait une sorte de sérénité raisonnable. Tu faisais avec moi du blanchiment d'angoisse.

J'étais parfois si dépendante de toi que ça en devenait grotesque.

C'était le cas quand je prenais l'avion. La phobie me collait depuis des années sans que j'arrive à m'en dépêtrer.

Un jour, à table, tu nous parlais du dernier crash survenu dans le monde, nous expliquant que cette nouvelle tendance à laisser des bimoteurs traverser l'Atlantique ne te semblait pas très raisonnable. Même si les chances que les deux moteurs tombent en panne au même moment étaient faibles, il était plus prudent de prendre des 747 ou des DC10 avec au moins trois moteurs, comme les règles aériennes l'avaient imposé jusque-là.

Quelques jours plus tard, je dois prendre l'avion avec Laurent pour rentrer des Antilles. Lorsque j'aperçois notre appareil à travers les vitres, je me fige : il n'a que deux réacteurs, et nous devons traverser l'Atlantique. Je sors alors à Laurent la fameuse phrase : « On appelle ton père. » Comme toujours, tu as répondu, tu m'as calmée avec toute la patience du monde pour que j'accepte de monter dans l'avion.

Les années de ta maladie ont un peu changé cela.

À mesure que tu t'affaiblissais, tu te recroquevillais lentement sur tes propres angoisses et, pour la première fois, elles devenaient apparentes, prenant le dessus sur les nôtres. J'ai soudain été confrontée à des réactions que je ne t'avais jamais connues. L'une d'elles m'a profondément déstabilisée.

Ce jour-là, nous devons prendre un petit avion, un Cesna. Je ne situe pas exactement la date. À vrai dire, personne autour de moi ne se souvient de ce voyage tant, pour les autres passagers, il a semblé anodin. L'avion ressemble à un jouet, avec une seule hélice à l'avant. Même si en grandissant j'ai réussi à dissiper ma peur, ce genre d'engin me met mal à l'aise. Quand nous l'apercevons de loin sur le tarmac, je te lance un regard inquiet. Tu comprends tout de suite mais ne dis rien. Je me penche pour y entrer, m'installe sur le siège étroit. Je serre ma ceinture, l'avion se met à trembler tandis qu'il s'élance sur la piste.

J'ai l'impression que chaque aspérité du sol se répercute dans la carlingue. Le hublot est minuscule mais je vois défiler le tarmac. L'avion finit par s'élever avec une légèreté inattendue. Pourtant, mon cœur cogne et mes mains sont moites. Mon stress est palpable. Je te regarde encore, j'attends que tu me rassures comme tu l'as toujours fait. Au lieu de ça, tu me dis avec un sourire ironique : « Tu as peur, hein ? Tu as peur de mourir parce que tu te sens tellement indispensable. Tu te dis que tu vas manquer aux gens, que tu es si importante à leurs yeux… »

Je suis tellement estomaquée que je ne réponds rien. J'essaie de comprendre pourquoi tu viens de me sortir un truc aussi gratuitement méchant, et surtout erroné. Ce que tu décris est à l'opposé de ce que je suis. Soit tu es blessé dans ton orgueil de te retrouver dans un avion si petit après les années glorieuses, soit tu me renvoies à la face tes propres angoisses. J'opterais pour cette hypothèse. Ce qui me perturbe le plus, c'est ce cynisme au milieu de nulle part. Tu ne m'as pas habituée à ça. L'avion prend un virage serré, oscille, se penche en tremblant. Ma gorge était nouée et tu viens de la serrer un peu plus.

C'est l'une des rares fois où j'ai pu percevoir que la mort était devenue un sujet pour toi. Que ça te travaillait.

Tu n'en parlais à personne, même pas à tes amis, mais Xavier Niel avait vu juste. La présence d'un nouveau personnage dans ta vie la dernière année était bien l'expression de cette angoisse : le pasteur Marcel.

Sur le mur de ta chambre, juste au-dessus de ta place dans le lit, étaient épinglées dans le velours roux qui tapissait la pièce des images pieuses et des icônes. Un petit Christ sur une croix en argent tenait la place centrale. Au plafond, un ciel en aquarelle.

Je décide d'appeler le pasteur Marcel. Cet homme est peut-être le témoin le plus précieux de tout ce livre.

Il pourra nous dire comment tu as livré ton dernier combat, face à la mort. Le pasteur Marcel est africain et un sourire éclaire son visage d'enfant. Je suis heureuse que tu aies partagé cette ultime année avec un homme qui respire autant la joie de vivre.

Lorsque je l'appelle, il est de passage à Tahiti.

Je lui raconte alors que je suis de là-bas et que c'est là que j'ai rencontré Laurent, alors qu'il descendait de l'avion. C'est là que mon premier lien avec les Tapie s'est tissé. Il me répond d'un rire joyeux : « Ce n'est pas possible ! »

Nous sommes troublés par cette coïncidence. Nous y voyons un signe malicieux de ta part. Tu avais beaucoup aimé mon premier livre et notamment les passages sur

Tahiti. C'est en le lisant que tu m'avais dit que tu aimerais que j'écrive un jour sur toi. Je me rappelle ton enthousiasme et ta joie quand Edmonde Charles-Roux t'avait contacté parce qu'elle l'avait adoré. Tu étais aussi fier que s'il s'agissait de l'un de tes enfants. Je me souviens aussi des réflexions que tu m'avais faites parce que je n'avais pas signé Tapie mais de mon nom de jeune fille, Griessinger. J'en avais entendu parler pendant des mois.

Marcel me transmet deux vidéos qu'il a partagées avec ses fidèles. L'une où il t'offre ta bible, l'autre où vous êtes sur le point de prier. Tu es à son côté, avec le regard intimidé d'un enfant qui veut faire de son mieux. Sur ces images, tu as 10 ans même avec tes cheveux blancs. Je n'ai jamais vu dans tes yeux une telle réserve. Une telle fierté aussi. Celle de l'élève qu'on prend en exemple. Tu es là, près du pasteur, et face à Dieu comme face à un instituteur. Tu attends la bonne note, le commentaire bienveillant qui te gardera dans la classe.

Marcel me renvoie trois ans en arrière, au début de votre rencontre. Cela faisait trois jours que vous priiez tous les soirs ensemble.

Tu lui dis :

— Marcel, pour être concret et décider si je continue : dans quelques jours, je vais faire mon bilan de scanner à la Salpêtrière et je vais voir le résultat de nos prières. De cette manière, je saurai si on continue ou pas, si vos prières sont efficaces ou pas.

— C'est la volonté de Dieu, Bernard.

— Oui, tout ça c'est bien, mais c'est le résultat qui compte. Tu me dis ce que je dois faire.

— Juste prier, Bernard. As-tu la foi ?

— Oui, bien sûr, mais soyons concrets !

Je rigole en voyant revenir en toi le pragmatisme de l'homme d'affaires. Tu gérais ton aventure avec Dieu comme n'importe quelle entreprise, tu y avais mis les moyens, tu te donnais à 100 % mais tu attendais du résultat.

Marcel interrompt son récit et me dit avec amusement :

— J'avais une telle pression que pendant les trois jours qui ont suivi j'ai jeûné et je n'ai pas arrêté de prier... Il avait placé la barre très haut. Il avait transféré sa pression sur moi.

Le jour des résultats, Marcel a rendez-vous avec toi à 18 heures, rue des Saints-Pères, mais à 15 h 45 tu l'appelles déjà.

— Marcel, où es-tu ?

— Bernard, on avait dit 18 heures.

— Mais tu peux venir maintenant ? Les résultats sont arrivés.

— Non, le rendez-vous est à 18 heures. Je voulais prier encore.

— J'attends d'ouvrir l'enveloppe avec toi.

Lorsque Marcel arrive, tu viens le chercher à la porte. Tu lui montres l'enveloppe en provenance de l'hôpital et tu lui dis :

— Marcel, est-ce que tu peux regarder ?

— Non, Bernard, je ne saurai pas te lire les résultats. Mais si tu veux j'ouvre le courrier.

Marcel te donne le compte rendu d'analyses, tu le lis. Et il te voit tomber à genoux : le cancer a reculé de façon significative.

— Ça marche, ça marche ! Qu'est-ce que je dois faire maintenant, Marcel ? Tout ce que tu me demanderas, je le ferai.

Tu étais tellement content à cet instant que tu t'es mis à parler en un flot continu, lui racontant toutes tes histoires en Afrique, les châteaux de Bokassa que tu avais rachetés et l'OM. Tu étais si heureux d'avoir quelques semaines de vie en plus, de quoi tenir jusqu'à la date du procès ! Pour livrer ton autre bataille, judiciaire, cette fois.

À partir de ce jour, que tu considères comme un miracle, tu pries et échanges avec Marcel quotidiennement. Quelque temps plus tard, il t'offre une croix et t'explique que c'est un symbole important spirituellement : elle est l'image de Jésus qui, à travers sa souffrance, a porté les fardeaux des hommes.

Tu lui réponds, pensif :

— C'est ça.

Et tu n'ajoutes rien. Ce jour-là, tu restes silencieux jusqu'à ce que Marcel te quitte pour rentrer chez lui.

À la fin de ta vie, tu lui feras comprendre que tu as refusé les antidouleurs pour ressentir la souffrance de Jésus. Tu fermais les yeux et serrais fort ta croix dans ta main pour supporter la douleur, faisant la jonction entre ce que le Christ avait été capable d'endurer et ton expérience de la maladie.

Nous attendions la dernière limite, lorsque tu te mettais à hurler, pour te convaincre de prendre de la morphine. Nous n'imaginions pas que cet entêtement à souffrir allait au-delà de ce que tu nous présentais comme une simple volonté de rester combatif. Nous savions que la foi était importante pour toi parce que nous te voyions t'isoler pour prier et échanger avec le pasteur tous les jours, mais nous ne pouvions pas imaginer à quel point elle était présente à chaque instant.

Le pasteur continue son récit. Les souvenirs s'enchaînent dans son esprit sans qu'il puisse vraiment savoir celui qui l'a le plus touché. Aucune hiérarchie ne s'impose entre ces moments passés avec toi tant chacun revêt pour lui un caractère exceptionnel.

— Un autre événement m'a marqué, me dit-il. C'est l'attaque dont Bernard a été victime avec Dominique dans leur maison de campagne. Je suis de passage à Toulouse lorsque je reçois un coup de fil : « Ton ami Tapie s'est fait agresser, regarde ta télé ! » J'allume alors une chaîne d'info. Je vois son visage tuméfié, ainsi que celui de Dominique, apparaître sur l'écran, martelé de coups et les traits émaciés. Et pour la première fois, ma foi est ébranlée : comment le destin peut-il s'acharner à ce point sur quelqu'un ? Révolté, je finis par le joindre. Je lui dis : « Bernard, ce n'est pas possible, quelle horreur, je n'arrive pas à le croire, ce n'est pas normal, tu devrais être protégé ! » Et là il me répond calmement : « Mais non, mon ami, le Bon Dieu me garde ! Et c'est le jour de Pâques, tu te rends compte ? Rien ne va me décourager. Je suis plus déterminé que jamais ! » Les rôles étaient inversés, souffle Marcel. C'est lui qui me rassurait.

Marcel termine notre entretien par ces mots :

— Lorsqu'il était couché, c'était un soldat au repos, pas abattu ; c'était une inspiration pour tous les malades. Prier avec lui m'a donné de la force. C'est lui qui m'a redonné la force.

Marcel se trouvait à l'église Saint-Germain, le jour de tes funérailles, lorsqu'une inconnue l'a pris dans ses bras pour lui confier son histoire : « J'avais le cancer du sein et M. Tapie m'a partagé vos prières, et j'ai eu la rémission, je suis rétablie. »

Elle a alors sorti son téléphone de son sac et lui a montré les versets que tu lui avais envoyés. « Il m'a communiqué la ferveur de sa foi », lui a-t-elle dit.

Cette femme faisait partie des patients que tu as croisés lors de tes séances de chimio.

De cet entretien avec Marcel, nous apprenons que chaque fois que tu allais à l'hôpital tu partageais ce que tu avais vécu avec les autres en leur lisant des versets bibliques. Tu voulais leur redonner l'envie de se battre.

À travers ces rencontres, je réalise que nous, tes proches, ne connaissions en réalité qu'une partie de toi. Je recueille un à un les éléments manquants comme l'on retrouve avec le temps les petites pièces d'un puzzle cachées sous un meuble. Ces personnes avec qui j'échange m'apportent bien plus qu'un simple témoignage. Elles me livrent cette part de toi qui nous avait échappé. Tu n'es plus là mais ton souvenir revient plus complet, plus entier, plus incarné que jamais.

Quand nous en reparlons en famille, nous nous souvenons du scénario du film de Lelouch dans lequel tu as joué : *Hommes, femmes : mode d'emploi*. Ton personnage pensait avoir un cancer de l'estomac, il était allé à Lourdes et s'était imaginé que cela l'avait guéri. J'ai encore en tête cette réplique où tu disais que tu devais répandre la bonne parole à la télé, inciter les gens à prier.

Je suis sûre que tu étais convaincu que c'était un signe du Ciel. Les coïncidences étaient trop nombreuses. Certains trouveront peut-être cela risible, d'autres, comme Xavier, regarderont avec méfiance tes échanges avec Marcel. Peu importe, si cela t'a aidé à affronter cette ultime épreuve.

Tu avais besoin de rêves pour avancer. Et jusqu'au bout tu as rêvé.

Un mois après mon entretien avec Marcel, je fais quelques achats dans une boutique Sephora. Au moment de payer, je donne mon nom pour que la vendeuse retrouve ma carte de fidélité, puis je traîne un peu sur mon portable le temps que mes articles soient encaissés quand une voix m'interpelle :

— Vous connaissez Marcel ?

Je lève les yeux. La dame de la caisse s'adresse à moi ; une belle jeune femme au sourire éclatant.

Face à l'incongruité de la question, je reste muette, lui lançant un regard interrogateur.

Elle me repose la question qui, cette fois, ressemble plus à une affirmation :

— Vous connaissez Marcel !

— Euh… oui.

Elle enchaîne, radieuse :

— C'est vraiment magnifique ce qu'il a vécu avec lui la dernière année.

Je comprends que ce « il », c'est toi. J'acquiesce. Elle poursuit et, avec la même assurance dans le regard :

— Je n'arrivais pas à vous donner le paquet car il me disait « Parle-lui, il faut que tu lui parles ! » me lance-t-elle avant de s'arrêter un instant pour me fixer avec une douceur candide. D'ailleurs, il est là, ici, avec nous !

Je réalise alors qu'elle est en train de me dire, sur un ton tout à fait anodin, que ton esprit serait présent, ici, avec nous, à la caisse. Je suis sidérée. Je balaie rapidement les lieux du regard pour essayer d'imaginer ton fantôme entre les étals de fonds de teint et de rouges à lèvres. J'échange avec elle quelques mots avant de céder la place aux clients suivants. J'ai une envie irrésistible d'éclater de rire tant cette situation est folle. Je sors du magasin, euphorique sous l'effet de cette blague qui m'est tombée dessus, en me disant « Et si c'était vrai ? Et si tu étais là, avec moi ? »

Il n'y a rien de plus joyeux que le gris des toits parisiens sous le soleil. J'écris dans une chambre de bonne où les peintures s'effritent et où la lumière s'écoule comme du miel. J'aime la simplicité rassurante de ce lieu si petit qu'un rayon de soleil suffit à le réchauffer. La fenêtre s'ouvre sur un paysage de tôle et de tuiles, de coupoles et de métal. Une déclinaison minérale. Parfois j'aperçois au loin, comme un mirage dans ce désert, la silhouette fine d'un chat échappé du tumulte du dessous. D'ici, on devine le brouhaha des marchés, les insultes des chauffards, les bousculades des bouches de métro, le claquement des verres sur le zinc, la clameur des cours de récré.

De cette émulsion de la ville, le calme se détache, remonte à la surface, et forme au-dessus des toits une croûte compacte.

Il faut parfois que je me force un peu à sortir de ce nid, à me mêler à l'agitation de la rue. Nous sommes restés dans le quartier où tu vivais et chaque recoin porte en lui les souvenirs de ton passage. Je longe le ministère qui fut le tien, la pizzeria où tu aimais venir car les prix étaient corrects, l'église de mon mariage où tu avais été ému aux larmes en entendant l'*Aria* de Bach, la brasserie Lipp où tu commandais toujours une choucroute, l'Armani caffè pour tes déjeuners importants, et en face l'église Saint-Germain, où ont eu lieu tes funérailles ; ce trajet que tu faisais si souvent à pied et qui a pris fin là.

Je croise Ali, le vendeur de journaux à la criée qui scande des unes complètement inventées. Un jour, il avait annoncé « Ça y est, Tapie est libéré ! » Manque de bol, tu étais dans la rue et avais coursé le malheureux en le menaçant de ton parapluie.

Je passe devant l'hôtel particulier de la rue des Saints-Pères, ta maison, rachetée par François Pinault avant ta mort. Il l'a fait refaire de fond en comble, et pendant deux ans nous avons vu des grues, des ouvriers par dizaines décortiquer ce qui avait été ton fief pendant trente ans. Les travaux ont été tellement pharaoniques qu'ils avaient installé au milieu de la cour un petit immeuble préfabriqué dédié à la rénovation. Il ne reste rien de ta présence. Quoique…

Pinault a dû trouver le lieu en piteux état. Tu avais réussi à y rester trois décennies mais n'avais plus les moyens de l'entretenir, tes comptes étant saisis depuis longtemps.

Nous passons devant sans regretter de ne plus y vivre. Nous n'avons pas besoin de ce faste pour être heureux. Étrangement, il me semble que c'est même plutôt l'inverse. Pendant que je me promène, un ami, Claude Dumas, m'appelle. Il a appris que j'écrivais un livre sur toi. Quand il s'agit de Tapie, les nouvelles se répandent comme une traînée de poudre. Claude a fait partie de ta garde rapprochée pendant sept ans. Il me demande si je vais rester objective, si je ne serai pas bridée dans mon écriture. Je lui assure que non, que je raconterai tout tel quel. Je lui avoue qu'avec le recul je retiens surtout le positif. Je crois que c'est souvent comme ça quand on perd quelqu'un. Il me confie que lui aussi il a gardé le meilleur. Puis il ajoute :

— En fait, tu sais quoi ? J'ai bossé sept ans avec lui et je n'ai pas trop eu à en souffrir. Et puis ce côté chiant c'était pénible mais c'était la vie, et c'est parce qu'il était comme ça qu'il a été Tapie.

Claude est toujours très volubile quand il s'agit de toi. Cet ancien de Sciences Po a été ton attaché parlementaire quand tu étais député européen, entre 1994 et 1997. Il t'accompagnait partout, aux tribunaux, à la prison, aux émissions… Il se rappelle les pizzas partagées sur l'autoroute adossés à la voiture, les automobilistes éberlués qui murmuraient sur tout le parking de la station-service : « C'est Tapie ! » Les dîners réservés aux députés où tu imposais tes collaborateurs. Tu disais aux organisateurs : « Si je reste, c'est avec eux, ou pas. » Claude se remémore tes débuts au Parlement européen.

— Bernard était très excité d'arriver là, et puis il s'est rendu compte que tout était trop lourd et lent, il fallait la validation de chacun des États membres, le moindre projet mettait au moins deux ans à se réaliser, ça ne correspondait pas à son mode de fonctionnement. Alors finalement il prenait ça comme un jeu : quand il était en discussion avec le groupe ARE, l'Alliance radicale européenne, pour faire passer une idée, sa plus grande satisfaction était de réussir à le convaincre.

Celui qui te suivait comme ton ombre a les yeux qui brillent quand il se rappelle cette époque. Rien qu'en parlant de toi, il semble traversé par une agitation joyeuse, une énergie. Claude se révèle une source intarissable d'informations. Je découvre à travers notre échange une autre version de la vérité. Une autre version car, quand tu nous en donnais ta propre interprétation, tu y croyais aussi, et à ce moment-là c'était ta vérité.

Je me remémore un incident que tu avais eu avec ta voiture, quand l'airbag t'avait explosé à la figure. Claude m'interrompt :

— Ah oui ! Le jour où, de rage, il a tapé tellement fort sur le volant que l'airbag s'est ouvert !

— Mais non, enfin. Le truc avait explosé tout seul, c'était un défaut de fabrication, c'est ce que Bernard nous a raconté.

— Pas du tout, j'étais là ! Il a frappé le volant, tu sais, comme dans ce jeu de foire où on doit mesurer sa force… il a tout fait exploser !

Il s'esclaffe, et moi je ris à moitié quand je repense à l'assurance avec laquelle tu nous avais relaté l'histoire de l'« explosion sortie de nulle part », ajoutant moult détails, te créant ta propre réalité et la projetant sous nos yeux. C'est vrai que la crise de colère était beaucoup plus plausible que l'incident technique. Et vrai aussi que tu pouvais taper assez fort pour déclencher l'airbag. Les ingénieurs ne pouvaient pas prévoir qu'un tel énergumène prendrait le volant.

Tout le monde, dans ton entourage, se souvient de tes coups de sang.

Un jour, au stade Vélodrome, en loge présidentielle, alors que Marseille avait raté une occasion, tu as tapé si fort dans la vitre de protection qu'elle s'est fissurée. Les vitriers n'avaient jamais vu ça. Là-bas aussi, on craignait tes colères. Même Robert Louis-Dreyfus, le multimilliardaire repreneur d'Adidas, le nouveau patron de l'OM. Tu avais brièvement pris, à sa demande, la « direction sportive » du club et étais désormais son employé. Lors des matchs à domicile, vous étiez assis côte à côte en loge présidentielle. Comme à la grande époque, tu avais ta bouteille d'eau à tes pieds et elle valdinguait immanquablement dans les airs lorsque nous perdions.

Lors d'un match, Louis-Dreyfus saisit la bouteille d'eau posée entre vous, pensant qu'elle lui est destinée. Après s'être désaltéré, il la repose, mais de l'autre côté. Quand à ton tour tu veux boire, tu te penches sur le côté pour la prendre et tu t'aperçois qu'elle a disparu. Énervé par le match qui ne se passe pas très bien, tu hurles : « Mais QUI a pris ma bouteille d'eau ?!! » Nous sommes un rang derrière et assistons à cette scène surréaliste : Louis-Dreyfus, prenant conscience de son erreur, se recroqueville littéralement et pousse discrètement la bouteille vers l'arrière pour l'éloigner de lui et échapper à tes foudres.

Quelle rigolade !

Claude me confie qu'au bureau il recevait des appels de la police ou de la gendarmerie parce que tu te battais régulièrement dans la rue. Et tous les matins, l'employé de maison lui téléphonait avant que tu arrives pour le prévenir de ton humeur du jour.

Quand j'entends cela, je suis toujours étonnée par l'enthousiasme dont tes collaborateurs font preuve quand ils parlent de toi. Claude me répète qu'il a malgré tout adoré ces années, car chaque jour était différent. Tu ne pouvais pas te contenter d'une vie monotone. C'était soit une nouvelle idée, soit un nouveau projet. Pour lui tu n'étais pas un gestionnaire : cela aurait signifié te projeter dans le temps long, t'attacher à la même activité, tenir en place.

— En fait, Bernard, il avait du génie mais il ne bossait pas. Une fois qu'il réussissait à avoir une boîte, ça l'ennuyait, c'est pour ça qu'il adorait s'occuper de l'OM. Parce que chaque semaine il fallait remporter une nouvelle victoire. Celle qui bossait, c'était Noëlle.

Dans la bouche de Claude et de tous tes proches, ce nom revient tout le temps : Noëlle Bellone.

Noëlle me retrouve à l'heure précise de notre rendez-vous. Ça n'a rien d'étonnant quand on sait qu'elle t'a accompagné pendant près de quinze ans. Son regard est un pétillement de lumière et de gentillesse. Y plonger, c'est entrer dans l'un de ces lieux où l'on se sent bien immédiatement, sans qu'on sache expliquer pourquoi.

Elle s'installe sur la banquette en velours bleu face à moi ; trois rayons de soleil se posent sur elle, forment une broche dorée au revers de sa veste. Pendant deux heures, son attention ne me quittera pas. Une passerelle fragile s'installe entre ses yeux et les miens, un fil de funambule sur lequel ton souvenir va et vient.

Les premiers mots qu'elle prononce sont un reproche à ton égard. Un cri du cœur. Elle devait le retenir depuis un moment.

— Quand il a gagné l'arbitrage, il ne m'a pas appelée, après tout ce qu'on avait traversé ensemble… Ça te blesse quand t'as passé tant d'années à te défoncer.

Je suis un peu secouée par cette entrée en matière. Je ne savais pas qu'il y avait eu ce nuage sur votre relation.

C'est vrai qu'elle s'est « défoncée » pour toi, Noëlle. Quand je suis arrivée dans la famille, elle était là pour tout. Elle a été P-DG de quasiment toutes tes sociétés, ta cheffe de cabinet, ta responsable de campagne. Elle te connaît aussi bien qu'une épouse dont le rôle se serait arrêté à la porte du bureau.

Formée à Sciences Po, cette catholique pratiquante dont le parcours est irréprochable et dont le père était maire et médecin d'une petite ville d'Alsace a été mise en examen, en contrôle judiciaire, sur écoute, arrêtée à la sortie de son avion, harcelée par la juge d'instruction, en procès pendant cinq ans, solidaire sur ses biens personnels dans les comptes de l'OM, car tu avais eu l'idée saugrenue de la placer administrateur de plusieurs de tes sociétés et qu'elle avait dit oui. Si tu as été l'homme aux mille vies, elle a été la sage-femme de chacune de tes renaissances, l'infirmière de tes maux et, comme un enfant tyrannique, tu l'as entraînée partout avec toi, tout en haut et tout en bas aussi.

Elle évoque ton souvenir dans un flot ininterrompu de paroles, comme s'il fallait condenser en quelques minutes toutes les années que vous avez passées ensemble. Elle parle sans s'arrêter car un souvenir vient bousculer l'autre avec une brutalité sauvage tant chacun contient des émotions opposées. Avec toi, on passe brusquement, dans les turbulences de notre mémoire, d'un malaise à une joie immense. On pouvait dans la même journée te détester et t'adorer. Noëlle parle des jours qui se succédaient sans jamais se ressembler, des états par lesquels tu faisais passer tes collaborateurs, leurs journées pouvant basculer du beau temps à la tempête comme les étés de Bretagne. Mais, finalement, à force de l'endurer, tous avaient appris à affronter les bourrasques de ce quotidien où chaque matin faisait naître une nouvelle aventure. Le discours que Noëlle me livre est aussi tumultueux que ces moments vécus avec toi.

— Il était ingérable. Il y a des jours où il était formidable, il y a des jours où c'était l'enfer. Ce qui était bien c'est qu'il arrivait vers midi, donc jusque-là on était tranquilles. Parce que, l'après-midi, s'il n'avait pas de rendez-vous, c'était terrible ! S'il n'était pas au téléphone, il venait nous parler tout le temps. Il ne se posait jamais. Le seul moment où il bossait vraiment, c'est quand il préparait ses débats, alors là il travaillait énormément, rencontrait des philosophes, potassait… Et il avait une mémoire incroyable, c'était une éponge. Je n'ai jamais vu un type aussi brillant, et d'une intelligence aussi bien intellectuelle que pratique ; il avait une intuition de chien. Quand vraiment il était odieux, je partais. Quelques heures plus tard il était charmant, car il pensait sincèrement ne pas avoir été exécrable. Mais tout passait car j'étais époustouflée par son intelligence et sa gentillesse. C'était un personnage. Au bout de trois mois avec Wonder, il en connaissait autant sur les piles que des ingénieurs qui y avaient bossé vingt ans. Il apprenait très vite. Et ensuite il parlait de ça comme s'il avait toujours été dedans, c'était sidérant. En revanche, tu ne pouvais pas le contrer, il avait toujours raison. Quand tout a explosé et que je suis partie travailler ailleurs avec Véronique, son assistante, il venait parfois déjeuner avec nous et nous disait avec un sourire malicieux : « Alors, ça va, vous ne vous ennuyez pas trop ? »

Elle termine par cette phrase étonnante, à la frontière de l'intime :

— Je l'ai adoré mais je n'en aurais pas voulu pour un empire. Le soir j'étais contente de rentrer chez moi parce qu'il nous stressait énormément.

Noëlle se souvient qu'il arrivait parfois que Dominique n'en puisse plus non plus et te mette dehors. Pendant ces périodes, tu passais tes soirées au bureau, attendant son appel et partant piteusement dormir à l'hôtel. Noëlle ne t'a jamais vu aussi malheureux qu'à ces moments-là.

Je t'imagine avec amusement passant de l'une à l'autre, de la « femme de ta vie » privée à « la femme de ta vie » professionnelle, toutes deux se renvoyant ce paquet trop lourd à porter.

Ces « années Bellone » ont été une bénédiction dans ta vie car cette femme, si brillante soit-elle, ne te faisait pas d'ombre et était assez patiente pour supporter tes sautes d'humeur et tes excès. Comme Dominique en privé, Noëlle arrondissait les angles, rattrapait les coups, gérait les conséquences de tes colères. Elle apportait de la douceur à ton personnage, tu bousculais sa vie de bourgeoise de province et chacun se nourrissait des différences de l'autre. Noëlle se souvient que lorsqu'elle revenait dans sa famille, en Alsace, ses parents étaient toujours surpris de l'entendre parler comme un charretier. Même là tu avais déteint sur elle. Mais, quand elle se plaignait auprès de sa mère du stress qu'elle subissait, celle-ci lui répondait : « Mais, Noëlle, tu te rends compte d'où tu viens et de tout ce que tu as vécu avec lui ? Tu as été cheffe de cabinet d'un ministre ! »

Dans la bouche de cette mère comme dans la tienne, le ministère semblait être la consécration suprême. C'est ce que me confirme celle qui t'accompagna aussi en politique :

— Il était tellement content d'être nommé ministre qu'il a voulu aller visiter son bureau avant la passation de pouvoirs, alors que nous n'y étions pas encore autorisés. Le dimanche qui a suivi sa nomination, il m'a dit, euphorique : « Noëlle, allez, on y va ! » On est partis bras dessus, bras dessous au ministère, et on a fait le chemin entre la rue des Saints-Pères et les locaux du boulevard Saint-Germain comme deux gamins s'apprêtant à faire une bêtise. Il a sonné chez le gardien en claironnant : « C'est Bernard Tapie, on vient visiter ! » Et le type nous a ouvert, médusé. En regardant ses pieds, Bernard lui a balancé : « Mais c'est inadmissible ! C'est quoi ces chaussures que vous portez ? Lundi, je vous apporte des Adidas ! »

Et c'est ainsi que tu as tout de suite détendu l'atmosphère et que le gardien vous a ouvert les portes. Quand tu es arrivé dans le bureau du ministre, tu t'y es installé et tu t'es exclamé joyeusement : « Vous vous rendez compte, Noëlle, de ce qui nous arrive ! »

Tu étais émerveillé comme un enfant.

Être assis dans ce fauteuil de ministre valait plus que tous les fauteuils de yachts, de jets privés, de patrons de marque internationale. Mais la magie s'est vite dissipée.

Dès le lundi, premier jour de ton exercice, Noëlle recevait un appel de la cheffe de cabinet du ministre de l'Intérieur, Paul Quilès.

— Le ministre de la Ville est venu au ministère avec sa BMW ?

— Oui, lui a répondu Noëlle. Le précédent ministre est parti avec toutes les voitures, il n'en reste qu'une, qui fonctionne mal.

— Il doit avoir une voiture française ! a craché la dir cab de Quilès avant de raccrocher.

Tu as alors acheté à tes frais une Renault Safrane.

Noëlle a reçu un nouvel appel glacial deux jours après : « Nous avons appris que vous aviez acheté une Renault, très bien. Mais les gardes du corps et le chauffeur sont des fonctionnaires, ils n'ont pas le droit de monter dans une voiture privée. »

Noëlle enchaîne dans un rire :

— Quand j'ai raconté ça à Bernard, il m'a répondu : « Dites-lui que je l'emmerde ! »

Mais cette bonne femme horrible a continué à appeler Noëlle tous les jours sous un nouveau prétexte, pour vous montrer à quel point vous étiez misérables en vous balançant des petites piques qui signifiaient : « Vous n'êtes pas au niveau, nous, on sait ! »

— Ils nous détestaient tellement…, conclut Noëlle, dépitée.

À la fin du mois, elle était convoquée chez le chef de cabinet de Bérégovoy. Quand elle t'a annoncé cette nouvelle, tu lui as lâché : « Qu'est-ce qu'on a fait comme connerie ? »

Elle est allée au rendez-vous avec la crainte d'avoir encore à subir des réprimandes. Il s'agissait en fait de la distribution des fameuses enveloppes des fonds spéciaux.

Tous les ministres y avaient droit pour payer leurs frais personnels et compenser toutes les heures supplémentaires que faisaient les employés du ministère. Suivant le rang du ministre, le montant était plus ou moins gros. Vous étiez parmi les derniers.

Noëlle me dit, les yeux brillants :

— Un placard s'ouvrait sur un grand mur rempli de billets. Je suis restée bouche bée, je n'avais jamais vu autant d'argent. J'étais sidérée.

Pour en savoir un peu plus, Noëlle s'est rapprochée du chef de cabinet d'un autre ministre, qui lui a alors confié : « Moi, je vais rentrer au ministère, le ministre va prendre l'enveloppe et tout garder pour lui. Et ce sera terminé. »

Noëlle conclut d'un air écœuré :

— Nous, on a donné toute la prime aux collaborateurs du cabinet. Et finalement c'est Bernard qui se faisait traiter de tous les noms dans les médias. Ça m'a vraiment dégoûtée, parce que d'autres n'avaient pas sa droiture. Il passait pour un voleur, un magouilleur, mais dans ce milieu c'était un enfant de chœur.

À cet instant, Noëlle a dans les yeux l'incompréhension de quelqu'un de pur confronté brutalement à la noirceur humaine. Ce qui a le plus choqué cette femme intègre, c'est la gratuité des agressions que tu as subies de la part d'un groupe dont tu ne faisais, une fois de plus, pas partie. Les médias entretenaient ce harcèlement, en décuplaient la force, se faisant le porte-voix de cette caste. Le système te brandissait comme l'étendard de la magouille pour masquer ses propres turpitudes.

Noëlle est désormais loin de l'enchantement qui vous avait saisis quand vous aviez mis les pieds pour la première fois dans ton bureau de ministre. Ce qu'elle a ressenti ensuite allait au-delà de la déception : c'était la révélation que vos idéaux, ce qui structurait en vous une certaine image de la République, s'effondraient. Tu avais peut-être triché, bousculé, rusé pour arriver en haut, mais dans l'espoir d'y trouver la lumière. Tu n'as reçu à la place qu'un torrent de boue.

Dans son discours pour tes funérailles, Jean-Louis Borloo évoque lui aussi ton accession au pouvoir. S'adressant à toi, il écrit :

Tu étais émerveillé comme le Petit Prince. Tu as ouvert la porte donnant sur le jardin, et tu m'as dit : « Jean-Louis, je suis ministre de la République. Adieu les entreprises, les milliards, Adidas et le reste, je vais mériter cet honneur. Je vais me battre et, crois-moi, l'espérance reviendra dans les quartiers. » Pour toi, Bernard, la République était au-dessus de tout, notre bien commun. Ministre, c'est servir.

Le Petit Prince n'a eu entre les mains qu'une rose fanée dont seules subsistaient les épines.

Ainsi, pour Jean-Louis comme pour Noëlle et tous ceux qui t'ont côtoyé, il n'y a aucun doute que ton entrée en politique a été le déclencheur d'une violence inouïe à ton égard, le début de ta chute. Celle qui a assisté de l'intérieur à ce basculement décrit cela avec précision lors de notre rencontre.

— Les socialistes le détestaient. Quand il rentrait du Conseil des ministres, il me disait : « Je me suis encore fait des ennemis. » Et comme Mitterrand l'aimait beaucoup et que c'était le préféré, les socialistes se sont dit qu'il fallait le tuer.

Ce témoin indéfectible de ta vie me confirme ce que nous savions déjà : ce qui a tué Tapie, c'est bien la politique, et sa plus grande faiblesse a été l'innocence dont il a fait preuve à l'égard des socialistes. Ce qui a tué Tapie, c'est d'avoir fait la couverture du *Nouvel Obs* en président de la République. Ce qui a tué Tapie, ce sont les 12 % qu'il a faits aux élections européennes et le coup fatal porté à Rocard. Ce qui a tué Tapie, c'est la mairie de Marseille qui se profilait, et ensuite, qui sait… ?

Le regard soudain perdu dans ses pensées, Noëlle murmure :

— C'était un type si intelligent, si malin, et là il était comme subjugué. Vis-à-vis de la politique, c'était un petit garçon.

Je ne pouvais pas finir l'entretien sans évoquer avec Noëlle les écoles de vente que tu avais créées pour aider les chômeurs. Tu me disais toujours que les médias n'en parlaient pas suffisamment. Alors voilà, Bernard, ce passage est pour toi.

Noëlle me rappelle que le projet des écoles avait commencé par une émission de télé où tu avais lancé pour la première fois que le chômage des jeunes n'aurait pas dû exister, qu'il aurait dû être carrément illicite. « Je voudrais faire quelque chose pour les jeunes ! » avais-tu déclaré.

En t'entendant, Noëlle s'était dit : « Ça va me retomber dessus. » Et ça n'avait pas loupé : dans la foulée vous receviez des sacs et des sacs de courrier, au moins 8 000 lettres de chômeurs qui avaient vu l'émission et cherchaient du travail. L'idée des écoles pour les chômeurs était lancée.

Vous alliez proposer huit semaines de formation dont deux de stage à raison de trois à quatre sessions par an. Pour la sélection des élèves, tu as décidé de faire un jury « imagination », un jury « courage », un jury « ambition » et un jury « entreprendre ». Rapidement, plusieurs villes ont été intéressées.

Noëlle a adoré cette période. Elle se remémore ses voyages épiques à parcourir les routes de France pour rencontrer les mairies et les chambres de commerce. Une des écoles s'est installée à Ambert, au beau milieu de l'Auvergne. Parfois, la chambre de commerce lui envoyait un petit avion qui survolait les montagnes et atterrissait dans un champ de patates. Les jours de mauvais temps, un tracteur attendait à l'arrivée pour remorquer l'avion hors des cultures. Par beau temps, la jolie blonde en tailleur s'extirpait de la carlingue et traversait le champ en escarpins.

Des collaborations ont été actées, cinq écoles montées, 8 000 chômeurs formés entre 1986 et 1994. Les écoles ont eu un tel succès que les entreprises proposaient d'embaucher les étudiants avant la fin des cours. Les socialistes étaient sidérés qu'un groupe privé puisse se lancer dans une telle action sociale. Cette formidable aventure a pris fin quand le groupe Tapie s'est vu mettre en liquidation, au grand désespoir de Noëlle.

Ces écoles sont l'une de tes plus grandes fiertés. Tu as toujours eu un rapport particulier avec les études, un complexe vis-à-vis des diplômés. On dit dans la famille que tu as suivi une « formation d'ingénieur ». Laquelle ? Es-tu allé jusqu'au bout ? Je ne le sais pas vraiment. Lorsque, à 20 ans, Laurent a été reçu à l'ESCP, l'une des meilleures écoles de commerce françaises, et que toute la famille a applaudi, toi tu lui as dit : « Calme-toi ! Moi, dans les grandes écoles, je donnais des cours ! »

Cette réaction a été extrêmement violente pour ton fils, qui était tellement heureux de t'annoncer la nouvelle.

Les années passant, j'ai essayé de comprendre ce qui avait pu te pousser à sortir une phrase aussi brutale. En décryptant nos discussions, j'ai pu imaginer combien d'humiliations tu avais dû endurer dans ta jeunesse pour en arriver à de tels excès. Ne pas faire partie des privilégiés ayant eu accès aux études supérieures, être rejeté d'un certain milieu parce que tu n'avais pas le pedigree a été pour toi un supplice sans fin. Pour quelqu'un d'aussi brillant, la frustration était immense. Et puis un père qui n'avait pas su te voir tel que tu étais, ou pas su te voir tout court, et qui se pliait sans broncher aux règles d'une société profondément inégalitaire avait renforcé ton mal-être. D'autant plus que cet ouvrier frigoriste t'infligeait à son tour un sentiment d'écrasement en te donnant une éducation plus répressive qu'épanouissante. Tu nous disais souvent que le service militaire avait été salvateur pour toi parce qu'il t'avait soudain propulsé dans un univers où tout le monde était à égalité, portait le même uniforme, recevait le même traitement. Tu étais enfin confronté aux autres d'égal à égal, sur un terrain où les passe-droits n'existaient plus et où seules comptaient les aptitudes de chacun. Tu prenais conscience de ta valeur pour la première fois, dans un jeu où les dés n'étaient plus pipés.

Une fois entré dans l'arène, tu ne la quitterais plus.

Ce parcours jonché d'humiliations a forgé la personnalité extrême, probablement mégalomaniaque, qui a permis au gamin ultrasensible que tu étais de se faire entendre. Cet ego surgonflé t'a hissé au-dessus de ta classe sociale comme la toile d'un parachute l'emporte vers les hauteurs. Ton intelligence et ton instinct ont fait le reste. Un jour, quelqu'un m'a parlé de toi comme d'un « dominant sensible ». Je trouve que ces termes te conviennent parfaitement.

Les écoles pour les chômeurs ne sont qu'un exemple des actes de générosité que tu n'aimais pas exposer, par pudeur certainement.

L'histoire de cette jeune fille marocaine malade du cancer que vous avez emmenée en vacances et hébergée chez vous la dernière année de sa vie en est un autre.

Mais ton intervention lors de la catastrophe de Furiani, le jour où une tribune de supporters s'est effondrée pendant le match Bastia-OM, a certainement été le plus spectaculaire. Je parlais hier au téléphone avec Avi Assouly, un journaliste grièvement blessé le 5 mai 1992. Il m'a raconté que tu lui avais sauvé la vie lorsque le médecin, pensant qu'il était décédé, avait recouvert son corps inerte d'un drap blanc. Une hémorragie dans la cage thoracique avait rendu imperceptibles les battements de son cœur. Tu t'étais alors interposé, insistant pour qu'il soit quand même transporté en hélicoptère à l'hôpital. « Ça ne fait rien, envoie-le quand même… » avais-tu demandé au médecin.

Avant de raccrocher, Avi a conclu par ces mots :

— Moi, je sais que Bernard avait un cœur d'or. Les gens ne le savent pas tous, mais moi je le sais.

Gilles Verdez était présent lui aussi le jour de la catastrophe de Furiani. Dans une émission hommage au lendemain de ta mort, je l'entends décrire avec le journaliste sportif Jacques Vendroux la scène où tu es allé chercher les joueurs de l'OM dans les vestiaires pour t'aider à porter les corps, organisant le départ des blessés avec les pompiers. Non seulement tu t'es occupé des victimes personnellement le jour du drame, mais ensuite tu leur as rendu visite dans les différents hôpitaux, suivant l'affaire jusqu'au bout, ne lâchant rien.

« Ce jour-là, avoue Gilles Verdez, il est devenu mon héros. Et il n'a jamais voulu le raconter. Avec les joueurs, ils ont sauvé des dizaines de personnes. »

C'est vrai que tu en as très peu parlé, même à la maison. J'appelle Gilles pour en savoir plus. Il se réjouit de partager ses souvenirs avec moi. Ce jour tragique, il était placé avec d'autres journalistes au niveau le plus élevé de la tribune, mais il a eu la chance de faire partie des rescapés, ceux qui n'ont pas été transpercés par les tubes métalliques de la construction.

Après l'effondrement, Gilles a eu un moment d'étourdissement, et par le plus grand des hasards s'est retrouvé à la sortie du vestiaire marseillais au moment où tu te précipitais sur le champ de ruines avec Basile Boli. L'accès au stade se faisant par une route étroite, les ambulances avaient du mal à arriver et étaient très vite saturées. Gilles t'avait vu enfourner littéralement les victimes et surcharger des véhicules, t'obstinant pour qu'ils emmènent le plus de gens possible. Tu t'interposais, un blessé dans les bras, en criant aux ambulanciers : « Il y a encore une place, prenez-le !! » Et s'ils te répondaient que c'était complet tu persistais avec un air rageur : « Je suis Bernard Tapie et je vous dis que vous allez le prendre ! » Face à ta détermination, les gars s'étaient exécutés.

Gilles poursuit avec tendresse :

— C'est pour ça que tout ce qu'il y a eu après sur lui m'importait peu : un homme que je vois sauver des gens dans un contexte de catastrophe absolue sera toujours un héros. Et s'il n'avait pas été là avec son tempérament de fonceur, je suis sûr que beaucoup plus de personnes seraient mortes. Lui, c'était : « Y a un truc, j'y vais. Je vais aider. » Pour moi, ça, c'est lui. Il avait quelque chose d'animal, donc de compliqué à vivre, c'est-à-dire d'excessif en tout, mais quand cet excès devenait positif il était d'une générosité infinie. On peut discuter de tout, mais reprenons l'essentiel : c'est un homme qui a sauvé des vies.

Le lendemain de notre entretien, Noëlle m'envoie un message où elle fait la liste de tous les qualificatifs qui te conviendraient. Fidèle à ce qu'elle est, perfectionniste et bosseuse, elle n'a voulu oublier aucun détail. C'est comme une mission qu'elle aurait accomplie pour toi, une dernière fois. Voici le contenu de son message :

« Quelques mots qui le caractérisent à mes yeux : imaginatif, créatif, imperméable à toute éducation, visionnaire, hyper intelligent, incroyable, hors norme, pas politiquement correct, casanier, sans limites quand un sujet l'intéressait, menteur mais tellement menteur qu'à la fin les choses arrivaient ! Charmeur, séducteur mais pas dragueur, pas courtisan, rien ne lui paraissait impossible, activiste, ayant du flair (sauf en politique), allant jusqu'au bout, rien n'était perdu, il restait toujours une chance, chef de tribu, la famille et seulement elle avant tout, enthousiaste quand cela lui plaisait, capable de soulever des montagnes quitte à dépasser l'impossible et franchir les limites, égoïste, égocentrique. »

J'ajouterai possessif, jaloux, observateur, parano, affectueux, pénible, généreux et radin à la fois, narcissique, autoritaire, directif, colérique, changeant, loyal, naïf, passionné et passionnant, fascinant parce qu'imprévisible, intense, capable du meilleur… comme du pire.

« Les inégalités de l'argent, ça représentait quelque chose d'insupportable, mais je n'en étais pas malheureux. J'avais suffisamment d'affection avec mes parents pour ne pas envier la belle bagnole ou la télé qu'on n'avait pas. Mais il y a une chose qui, elle, me faisait souffrir, c'est l'autorité du médecin devant mon père, c'est l'autorité de l'ordre établi devant mon père, le flic compris, qui parlait pas à mon père comme au gars qui avait une belle bagnole, et l'attitude de mon père face à cette autorité-là me faisait souffrir, car je ne souffrais pas d'un manque d'argent, je souffrais qu'on ne prenne pas mon père en considération, et qu'on me prenne pour un rien-du-tout parce que j'avais ni le savoir ni l'argent. Alors j'ai décidé que ça serait pas comme ça pour toutes les générations qui viennent, c'était pas une revanche, la société elle est organisée comme ça, c'est un constat, alors j'ai décidé en suivant mes études, en faisant de la musique, en faisant du sport de sortir un peu de la catégorie dans laquelle j'étais, et j'y suis arrivé. »

Cet extrait de *L'Heure de vérité*, en 1990, dit tout de toi. Il fait partie des passages de tes émissions de télé qui circulent sur les réseaux sociaux et fait écho à ce que ressentent toujours aujourd'hui de nombreux Français. Ceux qui te perçoivent encore comme l'un des leurs. J'ai été surprise de voir récemment le rappeur Booba et ses 6 millions d'abonnés la poster sur X. Trente ans plus tard, ces mots résonnent malheureusement toujours autant.

Je me souviens de la première fois que tu es venu dîner chez mes parents. Vous aviez l'habitude de vous voir dans ton hôtel particulier à Paris et ils tenaient à vous recevoir chez eux, Dominique et toi. Mon père était un homme grand, discret et joyeux, une force tranquille. Son métier d'océanographe illustrait parfaitement l'attirance qu'il avait pour le calme et la simplicité d'une vie proche de la nature. Ma mère, ancienne professeure de français, était l'extravagante du couple, la joie de vivre et l'énergie, une intelligence vive. Elle portait à la maison des gandouras ou de grandes robes tahitiennes aux motifs fleuris, des créoles en or de Guyane et des colliers en nacre, ces souvenirs de sa vie de nomade. Outre l'amour qui les unissait, ces deux pieds-noirs voyageurs avaient pour passions celles de danser et de cuisiner ensemble. Il aura fallu que la maladie emporte mon père pour que ces deux inséparables soient finalement séparés.

Nous avions à Morsang-sur-Orge un pavillon typique de la banlieue parisienne avec les murs couverts de vigne vierge, à l'arrière un joli carré de pelouse, où l'été trois cerisiers étendaient leurs ombres fraîches.

Au grand désarroi de ma mère, mon père avait eu un jour l'idée saugrenue d'arracher la vigne vierge car ça « abîmait les murs ». Aidé par le voisin, Maurice, conducteur de poids lourds, il avait accompli le week-end cette tâche titanesque : dévêtir notre maison de ce manteau de verdure qui faisait tout son charme. Puis, s'entêtant dans ses élucubrations, il avait ensuite décidé de la peindre en rose. J'avais mis cela sur le compte de l'ennui mortel qui le ravageait depuis qu'il avait été muté dans un bureau à Paris, de cette nostalgie des îles où les maisons se déclinent dans des tons pastel. Mais notre pavillon n'avait de tropical que ses habitants accrochés désespérément à leurs souvenirs. Rentrer chez nous en sortant du RER C après avoir parcouru les ruelles grises du quartier, c'était atterrir dans les îles sans même avoir décollé, débarquer dans un univers parallèle au parfum de colombo et de punch tahitien. Dans ce décor de coquillages et de tikis de Polynésie, il n'était pas rare de croiser la silhouette chaloupée de mes parents qui, collés l'un contre l'autre, circulaient de pièce en pièce en dansant le zouk. Ma mère, pied-noir mâtinée de tropiques, savait recevoir avec son accent chantant d'Oran sur lequel s'étaient agrégées, au fil des voyages, les intonations de ses ports d'attache comme autant de fleurs de tiaré dans sa chevelure brune.

J'avoue que j'étais un peu tendue à l'idée de t'accueillir chez moi, me demandant ce que tu allais penser de la maison rose, du repas que tu n'avais pas préparé, de la singularité de l'endroit.

Quand j'en avais parlé à ma mère, elle avait balayé mon inquiétude d'un geste de la main et s'était remise aux fourneaux, cuisinant un repas de roi comme elle le faisait chaque fois que nous avions des invités. « Pourquoi il serait pas content ? Je t'en prie, il va se régaler ! Jamais il aura mangé comme ça ! » me lançait-elle de son accent chantant. Et d'énumérer fièrement, en écaillant le poisson, toutes les personnalités qu'elle avait reçues dans sa vie, à commencer par Kersauson, Tabarly et leur équipage en escale à Tiputa, qui, faute de restaurant sur l'îlot, s'étaient réfugiés chez elle. « Allez chez Marie-Jo ! » leur avaient lancé les habitants de l'île, car aucun n'ignorait son sens de l'accueil et ses talents de cordon-bleu. En quittant le quai, enivré de Mai Tai et de la joie de vivre de ma mère, l'équipage lui avait crié des « Au revoir Marie-Jo ! » jusqu'à ce que le voilier disparaisse au large. Parmi ses invités illustres, ma mère citait immanquablement les religieuses de l'école Saint-Joseph de Cayenne, avec qui on organisait à la maison des après-midi Stanley Kubrick, M. Li Chao, chef du village hmong de Cacao, M. Doumenge, le directeur de l'aquarium de Monaco, quand il était de passage, Pierre Magnan, le propriétaire de notre maison guyanaise, éleveur de zébus de son état, qui débarquait chez nous avec son colt à la ceinture, son perroquet sur l'épaule et son chapeau de cow-boy – le pauvre est mort mordu par un crotale –, pléthore de congénères océanographes de mon père, moult proviseurs et professeurs des collèges où elle avait enseigné, toutes ces éminences grises perdues au milieu des flots de gens de toutes conditions qui venaient festoyer chez mes parents.

Non, décidément, ce n'est pas toi, tout « Bernard Tapie » que tu étais, qui l'aurais impressionnée.

Quand votre grosse berline s'est garée devant la grille du pavillon, les façades des habitations voisines ont été traversées par un frémissement de rideaux. Je vous ai accueillis, avec ma nièce Anaïs alors âgée de 6 ans, sur le seuil de notre maison. En te voyant, la petite t'a fixé d'un air grave. « Toi, tu es *Bernardtapie.* »

Elle s'est adressée à toi comme à un personnage sorti de l'écran de la télé, et toute la soirée elle t'a appelé ainsi, comme si ton nom était ce bloc que crachaient régulièrement les présentateurs de JT.

« Tu veux des cacahuètes, Bernardtapie ? T'habites où, Bernardtapie ? Tu crains les guilis, Bernardtapie ? »

À peine entré dans la maison, tu es directement allé voir dans la cuisine ce que ma mère avait préparé et tu t'es arrêté sur le dessert, un fraisier qu'elle avait garni avec soin de pâte d'amande et dont tu as arraché une partie du décor pour l'engloutir. « J'adore ça », as-tu lâché devant sa mine déconfite. Elle apprendrait ensuite à te connaître.

Les fois suivantes tu avais pris tes aises et il n'était pas rare de te voir débarquer avec le décodeur de Canal + sous le bras les soirs de match. Lors d'un dîner, mes parents avaient invité les filles d'amis de Tahiti qui étudiaient en France, et toi tu avais regardé le foot pendant tout le repas, engloutissant le fameux couscous de ma mère les yeux rivés sur l'écran. À la mi-temps, tu avais enfin échangé quelques mots avec nos jeunes invitées, leur demandant dans quelle école de commerce elles étudiaient. Quand elles t'avaient donné le nom de la petite institution privée qu'elles étaient fières d'avoir intégrée, tu leur avais répondu « C'est de la merde » avant de te replonger dans le match, qui reprenait.

Nous éviterions désormais de t'inviter les soirs de Coupe d'Europe.

Comme ma mère et toi étiez tous les deux des personnages charismatiques, il s'était installé entre vous une petite concurrence qui atteignait son apogée lorsqu'il s'agissait de cuisine. Tu prenais souvent un air dédaigneux, lui donnant des conseils pour améliorer ses recettes, alors que sa réputation de cuisinière émérite avait fait le tour du monde. « C'est pas mal, mais tu aurais dû moins le cuire, ou ajouter de la coriandre, c'est bien mais c'est fade… » Même dans ce domaine il fallait que tu sois le plus admiré, la référence.

Elle, elle ne bronchait pas, encaissant les coups avec un amusement feint, ce qui ne l'empêchait pas de poursuivre assidûment le combat une fois revenue sur son territoire, les week-ends prenant des allures de champ de bataille où nous devions passer d'un camp à l'autre pour engloutir les repas de chacun dans une tension grandissante.

De son côté, mon père servait de renfort à ma mère, prenant bien malgré lui part aux hostilités. Dominique, quant à elle, avait eu la malice de s'extirper de ce traquenard et de prendre le créneau le moins demandé, celui des pâtisseries du goûter, de telle manière qu'elle s'était placée en territoire neutre, tout en gardant l'opportunité de nous régaler de tartes et de financiers. Sa position non belligérante lui permettait de nous engraisser elle aussi, mais en toute décontraction.

Nous étions les otages de ces luttes incessantes, gavés à ne plus en pouvoir et finissant le week-end sur les rotules.

Laurent a mis brutalement un coup d'arrêt à cette guerre fratricide de plusieurs années, à ces batailles livrées à coups de risottos, de poulets marinés, de rôtis, de coulis de tomates et de sauces en tout genre… Ton fils t'a donné le coup de grâce un dimanche de printemps, lorsque tu t'apprêtais à nous servir tes fabuleuses pâtes aux fruits de mer.

À cet instant, tu lui adressais cette question qui revenait chaque dimanche :

— Alors, mon fils, tu te régales ? C'est ton plat préféré, n'est-ce pas ?

Et Laurent de répondre, avec la franchise qui le caractérise :

— Eh bien, pour être très honnête, c'est mon *deuxième* plat préféré.

Tu es resté un bref instant interloqué, mais tu t'es ressaisi rapidement.

— Ah oui, bien sûr, ton plat préféré c'est ma paella ?

Et c'est là que Laurent t'a porté l'estocade finale.

— Non. Mon plat favori, je dois te l'avouer, c'est le couscous de ma belle-mère !

Il y a eu un blanc à table et tout le monde a plongé le nez dans son assiette. J'ai vu ton visage se décomposer. Tu avais pris cette réponse en plein cœur avec la même violence que la reine de Blanche-Neige lorsqu'elle interroge son miroir. Abasourdi par ce que tu venais d'entendre, tu as fini par répéter les mots de Laurent pour être certain d'avoir bien compris ce qu'il venait de dire :

— Ah oui… ? Ton plat préféré c'est… *le couscous de ta belle-mère* ?

Laurent a acquiescé et, à partir de ce jour, chaque fois que tu lui servais un de tes plats, tu lui jetais à la figure : « C'est bon, hein, mon fils, mais ça ne vaut pas *le couscous de ta belle-mère* ! »

En toute discrétion et bien planquée dans sa tranchée, ma mère avait gagné la guerre.

Encore imprégnée de souvenirs, je lève le nez de mon écran. Un couvreur passe sur le toit, juste devant ma fenêtre.

On se regarde avec le même étonnement que deux randonneurs se croisant au milieu de nulle part. On échange un sourire poli qui signifie qu'on est à la fois content de rencontrer quelqu'un et un peu déçu. Je le suis des yeux. Il s'éloigne en passant d'un immeuble à l'autre avec la légèreté d'un astronaute. Je l'observe de loin, lui ne me voit plus. Sa forme se découpe sur le désert gris des toits. Au fond, des coupoles dorées surplombent ce paysage lunaire. L'homme fume une cigarette sur le bord d'une toiture puis commence à réparer une gouttière, exposé à la vue des résidents des derniers étages. Pour une fois, le voyeur se trouve de l'autre côté de la fenêtre, dans l'habitation. J'aime ces rencontres inattendues qui mettent un peu de vie dans ma solitude. Nous sommes deux humains détachés de la foule, comme ces bêtes isolées qui ont perdu leur troupeau.

C'est amusant car hier je pensais évoquer dans le texte la présence inopinée des couvreurs sur mon toit.

Mais je suis passée à autre chose, n'en ayant pas vu depuis des lustres. Et ce matin en voilà un qui réapparaît à travers les vitres. Depuis quelque temps, j'ai régulièrement affaire à ce genre de coïncidences. Elles me font le même effet que lorsqu'on parle de certains sujets et qu'on voit ensuite surgir sur l'écran de son téléphone des pubs sur les mêmes thèmes.

Sauf que là, c'est comme si l'univers me répondait. Ou toi.

Une autre coïncidence m'est tombée dessus récemment.

Lorsque j'ai rencontré Claude Dumas, il a évoqué ton départ pour la prison. Il m'a parlé de la journée qu'il avait passée avec toi et… un journaliste. Je l'ai arrêté. Un journaliste ? Je n'avais pas le souvenir qu'un étranger ait été à la maison ce jour-là, et encore moins un journaliste. Pourtant, il me l'a confirmé. Francis Puyalte, du *Figaro*, était présent à vos côtés. Claude m'a encouragée à retrouver son article.

J'aimerais beaucoup rencontrer Francis Puyalte, qui est probablement retraité désormais, mais j'atteins le délai de remise de mon manuscrit et j'ai peu de temps pour me lancer dans de nouvelles recherches. Trois jours après l'entretien avec Claude, Laurent et moi sommes invités à dîner chez un ami. Sa mère, que je ne connais pas, est de passage. Elle nous accueille et nous dit :

— Je m'appelle Monique et je suis la plus grande fan de votre père. Mon frère est Francis Puyalte, le journaliste qui a passé avec lui sa dernière journée avant l'incarcération.

Je tombe des nues. Monique me donne le contact de son frère et dans la foulée je prends rendez-vous pour parler avec lui, deux jours plus tard.

Je n'ai même pas eu besoin d'investiguer, le destin m'a servi sur un plateau le témoignage de cet homme qui avait accompagné les heures les plus sombres de ton existence. Quelle était la probabilité que je tombe sur sa sœur pile à ce moment-là, et qu'elle entame la conversation en me parlant de lui ?

Après les épisodes de la vendeuse de Sephora, du couvreur qui passait devant moi alors que je ne l'attendais plus, je croisais Monique, puis Francis, et je t'imaginais à côté de tous ces personnages, à les pousser sur mon chemin d'un geste de la main, les entraînant dans mon récit pour qu'ils y prennent place.

Monique Puyalte me parle, ses yeux noirs plantés dans les miens, avec dans le regard une droiture qui ne dévie pas d'un cil. Elle me raconte à quel moment ton destin a croisé le sien, il y a trente-huit ans, quand elle est tombée sur ton livre *Gagner* un jour de désespoir. Depuis, tu l'as accompagnée à tous les moments de son existence. Elle me raconte ça d'une traite, comme si toute sa vie elle avait attendu de te le dire mais avait dû se contenter de la lettre qu'elle t'a envoyée en prison. Elle me fixe, mais son regard va plus loin : il est sur chacun des souvenirs où tu étais avec elle. Elle se rappelle toutes les fois où elle a hésité à faire quelque chose, par crainte, manque d'énergie ou d'audace, et où elle a fini par se décider en se disant : « Tapie l'aurait fait. »

Dans les années 1980, Monique est photographe. Elle traverse la France pour prendre des clichés d'enfants dans des dojos pendant des cours de judo. Elle retrace les soirées passées dans sa voiture à se rendre dans les familles pour y vendre ses photos. Elle me parle des soirs de découragement, seule sur les routes de campagne obscures, quand elle avait envie de rebrousser chemin mais qu'une voix lui répétait cette phrase : « Tapie irait. » Et elle y allait.

Elle se remémore les dix fois où elle est venue te voir au théâtre dans *Vol au-dessus d'un nid de coucou*, elle me raconte comme elle t'attendait dehors ensuite, et les paroles que tu échangeais avec elle, parce qu'à force tu la connaissais. Elle me décrit avec précision ce que je savais déjà et que seuls peuvent savoir les passionnés, ceux qui venaient plusieurs fois d'affilée et repéraient la phrase qui dévie, le mot qui change au détour d'une blague, ceux qui écoutaient à la virgule près les respirations de ton texte. Elle me dit :

— Et après le théâtre il mangeait à côté, dans le petit restaurant au bout de la rue, avec sa femme souvent, et comme ils étaient bien, tous les deux !

Elle se souvient que son frère l'avait appelée pour qu'elle vienne te voir avec lui le jour du départ en prison, et qu'elle était en chemin mais qu'une crise d'asthme l'avait conduite aux urgences et empêchée d'arriver jusqu'à toi. Elle a vu ton départ en prison sur la télé de l'hôpital, elle a entendu une infirmière cracher « Bien fait pour lui », et ça l'a étouffée un peu plus.

Elle se rappelle qu'un jour tu t'es agacé de la voir encore, et tu as grogné : « Oui, oui, je sais, la sœur de Francis Puyalte. » Mais elle ne t'en a pas voulu. Monique avait lu chacun de tes livres, vu chaquc épisode du *Commissaire Valence*, ton film avec Lelouch, toutes tes pièces et tes émissions.

Elle était la spectatrice attentive et discrète de ta vie. Comme combien d'autres…

Son regard s'assombrit lorsqu'elle me confie que, la dernière nuit, la nuit où tu nous as quittés, elle n'arrivait pas à dormir. Sans savoir ce qu'il t'arrivait, elle a pris le livre de Franz-Olivier Giesbert sur ta vie, *Bernard Tapie. Leçons de vie, de mort et d'amour*, elle en a lu quelques pages et s'est endormie dessus pendant que toi, au même instant, tu refermais le tien pour toujours.

Quand elle s'est réveillée, tu t'étais éteint.

« J'ai tout eu et presque tout perdu.
L'essentiel est de donner un sens à ma vie.
Les gens s'empêtrent dans la routine, les petits calculs, la quête besogneuse d'un vague bonheur.
Ils laissent filer le temps. Il faut créer, se battre, accepter de tomber, se relever, courir tant qu'on le peut, sauter les haies. J'ignore quand et comment je sauterai les dernières, mais je sais pourquoi je les sauterai. »

Interview de Bernard Tapie
par Francis Puyalte,
Le Figaro, 22 novembre 1995,
juste après leur première rencontre

Je rencontre cet après-midi Francis Puyalte. Si le hasard l'a amené jusqu'à moi, il y a forcément une raison.

Nous avons rendez-vous à l'hôtel Lutetia, dans le salon, sous la verrière aux fresques multicolores. Ce grand homme grisonnant arrive avec sa femme et son teckel, Capucine. Dans un moment de confusion, je salue son épouse d'un « Bonjour Capucine ». Notre entretien commence dans un rire. Francis est heureux de parler de toi, de ce jour que vous avez passé ensemble, avant ton départ le soir pour la prison de la Santé. Il était arrivé le matin et vous aviez déjeuné, partageant un poulet rôti, un de tes plats favoris. Tu te régalais toujours quand il y en avait au repas, saisissant les cuisses avec les doigts, rognant la carcasse, mâchouillant un os, partageant les meilleurs morceaux avec les chiens qui se bousculaient autour de toi. Soudain chef de meute, tu te délectais de cette gloutonnerie bestiale. Je souris du contraste entre ce souvenir et le lieu où je me trouve à cet instant : des serveurs en gilet gris déposent délicatement une assiette de mignardises sur notre table. L'un d'eux sert à Francis un chocolat viennois. Mais Francis est ailleurs. Dans la clarté de son regard, je vois se rejouer le film du passé. Nous sommes le 3 février 1997 au 52, rue des Saints-Pères, dans la petite salle à manger collée à la cuisine, sous la verrière. Tu sers le repas. Tu portes un jogging noir Adidas, celui dans lequel tu traînes tout le temps, avec le logo rose et turquoise. Bahia, le perroquet gris, rabâche sa rengaine cynique : « Ça va, ça va, ça va. » Dehors, des meutes de journalistes se répandent devant le portail, dans l'immeuble d'en face, sur les toits, leurs appareils photo claquant toute la journée comme des mâchoires minuscules. Ils attendent d'avoir les meilleures parties de la bête, le morceau le plus juteux : le moment où on te passera les menottes, où on te traînera dans le fourgon, où une larme surgira. Tu écartes le rideau pour regarder dehors et leur jettes un « bande d'enfoirés ».

Je ne sais pas pourquoi tu as choisi Francis Puyalte, un journaliste du *Figaro*, pour t'accompagner ce jour-là. Peut-être par écœurement de la gauche. J'ai le souvenir que finalement les médias de droite te maltraitaient un peu moins. Ou était-ce pour séduire une autre partie des Français, les lecteurs du *Figaro* ? C'est ce que s'est dit Francis quand tu l'as appelé. Il me confie que cette journée lui a semblé presque anodine tant tu n'as rien montré et tant c'était toi qui, comme à l'accoutumée, remontais le moral des troupes. « Allez, c'est rien, j'm'en fous, je te jure, c'est rien… » À chaque personne qui passait tu balançais ces mots rassurants en posant une main réconfortante sur l'épaule. Francis s'interroge encore sur ton attitude.

— S'il y avait un mot pour le définir ce jour-là, je dirais « roboratif ». Non seulement il ne laissait pas paraître ses états d'âme, mais il semblait avoir une pêche d'enfer, un moral d'acier… Peut-on évoquer une double personnalité ?

Un formidable talent de comédien ? Une force de caractère exceptionnelle ? Cherchait-il à donner le change ? À me transmettre, à l'adresse des lecteurs du *Figaro*, une image de lui plutôt flatteuse ? Celle d'un homme fier et droit dans ses bottes qui faisait front avec panache à l'adversité, à un douloureux revers dans son parcours de gagneur ? Je l'ignore.

En cet après-midi du 3 février 1997, Francis s'est mis dans une pièce pour écrire son article et, quand il en est ressorti, tu étais parti et avec toi tous les gens de la maison : la famille, les employés, les journalistes sur les toits et dans la rue, tous les figurants du film de ta vie. Comme si en tapant le texte de ces dernières heures passées avec toi le journaliste avait emporté tout le monde sur le papier, et que cette journée était déjà engloutie dans le journal du lendemain, prête à être imprimée et distribuée dans la France entière. Comme si ta vie n'était vouée qu'à cela, la représentation, le spectacle, et qu'une fois rendue publique elle n'avait plus de raison d'être. Tu étais le personnage qui semait la zizanie dans le réel mais n'y trouvait pas sa place, et que les médias ne cessaient de rattraper, le happant dans leur gueule de papier pour le remettre inlassablement en une.

Pendant que nous parlons, Laurence, l'épouse de Francis, assise à côté de nous, apporte quelques précisions, se remémore les récits de son mari quand il rentrait de chez toi, se souvient de tous les détails, et je vois bien qu'elle aussi se passionne, me questionne, attend mon point de vue, la petite anecdote que je pourrais lâcher. Je ne compte plus les gens que ton personnage intrigue ; j'en trouve dans tous les milieux, de toutes les origines, quotidiennement. Je suis venue interroger ce journaliste du *Figaro* qui a dû rencontrer tant de personnes célèbres et il est, ainsi que sa femme, aussi excité de parler de toi que de cueillir dans mon discours quelques détails croustillants à ton sujet.

Ainsi, il y a chez mon interlocuteur, comme chez tous les autres, une véritable fascination pour ta personne. Francis la place au même niveau que celle qu'il avait pour Mitterrand.

— Un François Mitterrand ou un Bernard Tapie ont exercé leur talent, pour ne pas dire leur génie, dans des circonstances et des domaines différents, en interprétant des rôles qui laisseront des traces dans l'Histoire car tous deux étaient des personnages au-dessus du commun des mortels, du monde des comptables et des boutiquiers. Je pense que François Mitterrand et Bernard Tapie étaient deux jouisseurs et deux joueurs. L'un comme l'autre, ils avaient vite compris la faiblesse de la nature humaine et la relativité de la vie… Dès lors qu'ils avaient réalisé que la vie est une comédie, un théâtre, ils se devaient d'endosser plusieurs rôles, ils se devaient d'être ambitieux et ambivalents.

Francis garde en mémoire que, après la prison, il t'a accompagné à Marseille pour la sortie du livre *Librement*. Il a un très bon souvenir de ce séjour avec toi, de ton énergie, de ton positivisme, de ton caractère enjoué. Il me décrit une scène cocasse où il t'observait de loin alors que tu prenais ton petit déjeuner dans un hôtel marseillais. Tous les notables et les politiciens de la ville, tous ceux qui conspiraient contre toi en privé, s'arrêtaient devant ta table et te faisaient des courbettes. Tu lançais à Francis des clins d'œil espiègles après leur passage. Tu n'étais pas dupe, et pourtant. Le journaliste me révèle qu'il te trouvait bien moins retors que les politiciens qu'il avait eu l'occasion de croiser. Lorsqu'il me dit cela, les mots de Noëlle Bellone me reviennent : lorsque vous êtes entrés en politique, elle avait la sensation que vous étiez des agneaux dans un monde de loups. Francis, lui, te décrit comme un type en fin de compte assez sain dans la sphère où il avait coutume d'évoluer.

— Il ne buvait pas, ne sortait pas, ne côtoyait quasiment pas le milieu du show-biz, et ce qui comptait le plus c'était sa famille. Quand on voulait aller prendre un dernier verre avec ceux qui nous accompagnaient, Tapie déclinait toujours en nous disant : « Je vais retrouver ma famille. »

Je me souviens que ces soirs-là nous déplorions de te voir débarquer toujours plus tôt que prévu, surtout si nous avions eu l'idée d'inviter des amis. C'était l'effervescence quand on voyait les phares de ta voiture apparaître dans l'allée et les phrases « Il est déjà là ! », « Mais il ne devait pas rentrer demain ?! » fusaient dans la maison.

Nous ne savions pas quelle chance nous avions d'avoir un père qui n'appréciait rien tant que rentrer retrouver les siens.

Mais, ce qui finalement a le plus marqué Francis Puyalte, ce sont les confidences que tu lui as faites lors de cette escapade marseillaise. Il semble hésiter à m'en parler, à lâcher une bombe au milieu de notre conversation. A-t-il peur de me choquer ou de l'effet que cette annonce produira sur les lecteurs de mon livre ? Je l'ignore. Je me tais, impatiente à l'idée de cette nouvelle découverte.

Francis se penche un peu vers moi, baisse la voix :

— Nous marchions côte à côte à la nuit tombante, dans une rue malfamée de Marseille. Bernard m'a alors montré de la main des fenêtres éclairées et a dit : « Les électeurs de Le Pen, ce ne sont pas des bourges mais des pauvres gens qui vivent sous la loi de quelques petits caïds de quartier, des dealers. Il faut les comprendre… Ils sont régulièrement cambriolés, mais ils n'osent même pas porter plainte parce qu'ils ont peur des représailles. J'en rencontre beaucoup, et ils me disent tous la même chose : ils vivent dans la peur en permanence, ils ont peur pour leurs gosses, pour leur bagnole… Finalement, le vote Le Pen, il faut l'interpréter comme un appel au secours, un SOS. »

Nous étions loin de ta fameuse déclaration : « Si Le Pen est un salaud, ses électeurs sont des salauds. »

Je suis un peu étonnée, mais pas vraiment surprise.

C'était tout toi. Complexe. Disant une chose et son contraire.

Où était la vérité ? Une fois de plus, je ne saurais le dire.

Dans ces deux moments, probablement.

Et le mensonge aussi.

Parce que tu ne pouvais pas t'empêcher de dire toujours un peu ce que l'autre, en face, avait envie d'entendre. Personnellement, nous, tes proches, ne t'avons jamais entendu prononcer ces mots ni exprimer la moindre sympathie pour Jean-Marie Le Pen. Au contraire, et si quelqu'un faisait un parallèle entre immigration et insécurité, tu devenais nerveux et même insultant. Alors cette affirmation était-elle une posture que tu avais prise devant un journaliste de droite pour tenter de le séduire ? Ce n'est pas impossible.

Je suis parfois surprise du gigantesque intérêt que tu suscites. Tous les gens que j'ai croisés en écrivant ce livre m'ont livré ton image à travers leur prisme, m'en donnant une vue d'ensemble. Avec le recul, je te découvre sous un autre angle : immense, impressionnant, tel que le monde te voyait.

Vivre près de toi depuis mes 17 ans, engoncée dans le quotidien, m'avait privée de la distance nécessaire. Quand j'étais chez vous, c'est-à-dire la plupart du temps puisque mes parents voyageaient beaucoup, tu étais le patriarche dont nous devions subir les humeurs et l'autorité, avec qui on traînait sur le canapé du salon le dimanche après-midi. J'ai finalement vu plus souvent le gars en jogging au cheveu hirsute que le beau gosse flamboyant qui haranguait les foules.

Quand ton intelligence et ton énergie n'étaient pas consacrées à des activités extérieures, elles se déversaient dans la maison, nous étant brutalement dédiées et cherchant des motifs de conflit, prenant le contrôle de tout. Tu saisissais ton téléphone à tout va pour intervenir dans des situations où il aurait mieux valu laisser faire. Cette énergie était une rivière ; elle débordait aux alentours quand le courant était trop fort, inondant notre existence tant elle était impossible à canaliser. Seuls les kilomètres à vélo, les heures en cuisine ou devant les matchs de foot permettaient un tant soit peu de l'apaiser. Si les procès ont pourri la dernière partie de ta vie, je ne peux m'empêcher de penser que ces milliers d'heures passées à élaborer des stratégies complexes face à un ennemi si puissant nourrissaient ton intelligence comme un poison addictif. Aucun jeu, si diabolique soit-il, ne t'aurait offert un adversaire aussi polymorphe, démesuré, infatigable, incroyablement pervers, une armée aussi nombreuse et sans cesse renouvelée.

Je dois terminer mon manuscrit et c'est le jour où des déménageurs décident de débarquer pour me rapporter quelques cartons oubliés dans un entrepôt depuis plusieurs mois. De mon enfance itinérante, j'ai gardé la fâcheuse habitude de déménager régulièrement. Étrangement, cette instabilité me stabilise. Ils sonnent et je dois m'extraire de mon travail pour les accueillir. Quand ils déposent les boîtes, je décide d'en ouvrir une au hasard, par curiosité, me disant que je rangerai le reste plus tard, quand j'aurai plus de temps. Je crève le carton d'un coup de cutter et ton visage apparaît : une grande photo de toi dans un article du *Figaro* daté du samedi 1er dimanche 2 octobre 2005. Le titre : « La cour d'appel donne raison à Tapie dans l'affaire Adidas. »

C'est certainement la décision de justice la plus importante de toute cette affaire et elle me tombe du ciel par le plus grand des hasards. Cet article isolé datant de 2005 m'arrive là, sous les yeux, dans une boîte ne contenant que des archives de mon travail de publicitaire. Qui ne penserait pas, même furtivement, que c'est encore un signe de toi qui insistes, de là où tu es, pour me souffler : « Ça, il faut en parler. » Je lis rapidement :

Le Crédit Lyonnais condamné à payer 135 millions d'euros […]. Les magistrats ont clairement reconnu que la banque avait floué Tapie […]. Le succès judiciaire de Bernard Tapie devrait mettre un terme à ses ennuis et à quinze ans de rebondissements […].

Hélas, le feuilleton durera encore seize ans. Et à la fin il ne te restera rien. Ni Adidas ni le fruit de sa vente. L'État aura tout fait disparaître. Dans le fameux sketch des Guignols, « La combine à Nanard », on te voit jouer au jeu du bonneteau, maniant habilement des gobelets pour faire disparaître l'argent, comme par magie.

Avec du recul, force est de constater que le bonimenteur, ce n'était pas toi.

Ce matin je me suis réveillée en me demandant quel souvenir de toi m'avait le plus marquée.

Qu'est-ce que je retiendrai de notre improbable rencontre sur Terre ?

La réponse m'apparaît comme une évidence.

C'était le 12 février 2005.

C'était le 18 novembre 2007.

Pour moi, ces deux dates se confondent. Les deux scènes se situent au même endroit, dans le même hôpital, avec les mêmes personnages. C'est toi avec mes parents et ta femme, tous les quatre assis dans un couloir blanc. Vous attendez. Vous échangez quelques mots, parlez de tout et de rien, faites passer le temps. Régulièrement vous regardez vers la porte qui vous sépare de la zone réservée aux patients. Enfin, la silhouette d'un homme se découpe dans le hublot. La porte s'entrouvre. C'est Laurent. Doucement, il avance vers vous. Il porte dans ses bras un nouveau-né. Tous les quatre, vous vous levez. Vous vous penchez lentement au-dessus de l'enfant. Il a tes gros poings, les yeux étirés de ma mère, la bouche charnue de mon père, la chevelure épaisse de Dominique.

À cet instant, vous êtes quatre grands-parents ordinaires, le cœur empli de joie.

Quarante-huit heures plus tard, quand nous sommes rentrés, tu étais à la fenêtre pour nous accueillir dans cette maison qui représentait déjà tant de souvenirs. C'est là que Laurent et moi nous sommes mariés, que nous avons fêté nos diplômes, célébré les baptêmes et les anniversaires, les victoires de match ou de procès. C'est là que je t'ai vu pour la première fois et aussi pour la dernière, trente ans plus tard, le soir du 2 octobre 2021, quand toute la famille s'est rassemblée dans ta chambre pour te dire cet impensable adieu.

Ce qui me manque le plus aujourd'hui, c'est de sonner à la porte, de la trouver toujours ouverte, de monter dans ton bureau, de m'asseoir en face de toi sans jamais avoir l'impression de te déranger et de te regarder passer tes coups de téléphone, me faire un clin d'œil en disant une connerie à ton interlocuteur, te lever pour aller voir le match sur la télé d'à côté, gueuler sur l'arbitre, revenir farfouiller dans tes papiers, y trouver tes lunettes, saisir dans ta grosse main une petite tasse en porcelaine, avaler ton café d'une traite, chercher le chien, me demander comment je vais, me lancer un regard suspicieux pour vérifier si je suis sincère, me demander « Où est Laurent ? ». Et puis guetter, dans tes froncements de sourcils, le moment propice pour commencer à discuter, te demander ton avis sur l'actualité, sur ce monde où tout part en vrille, ce monde qui était déjà fou quand tu l'as quitté et qui l'est de plus en plus, et attendre ton analyse, le mot qui rassure.

Oui, le mot qui rassure.

Je pense à tout cela ce matin car je dois rendre mon manuscrit et je n'ai pas trouvé la fin. Je n'y arrive pas. C'est impossible. Je pourrais ne jamais m'arrêter. Je pourrais terminer au milieu d'une phrase, ou par des points de suspension, par l'un de ces artifices qui disent « ça continue ». Je pourrais écrire plusieurs tomes sur plein de personnages différents et tous pourraient s'appeler « Tapie ».

Mais l'éditeur a fixé une date. Ça sert à ça, un éditeur. À enfermer les vies dans des livres et à mettre un point final. Alors je dois lui expliquer. Je dois lui dire : ce livre-là n'aura pas de fin parce qu'avec toi, il n'y en a pas.

Veridis Quo de Daft Punk passe en boucle dans mes écouteurs. J'enfile un jean et des baskets, je prends sous le bras mon manuscrit inachevé, je marche à la hâte jusqu'à la station Musée d'Orsay, passe mon ticket aux bornes automatiques, saute dans un RER qui me recrache à Bibliothèque François Mitterrand. Ça ne s'invente pas. Je traverse les espaces végétalisés entre les immeubles modernes et les rues froides, je longe les vitrines impersonnelles de ce quartier, croise des gens qui ne se regardent pas. J'entre dans le grand bâtiment de la maison d'édition, je descends les trois marches, pénètre dans le cube immense où la lumière tombe en un bloc compact du toit vitré. Je m'avance vers le comptoir de la réception. Je dis que je suis attendue. L'hôtesse d'accueil me demande poliment ma carte d'identité. Elle la saisit de ses doigts fins. Elle lit le nom inscrit dessus puis lève vers moi son regard gris :

— Tapie, comme Bernard ?

— Oui. Tapie, comme Bernard.

On se sourit, et c'est le premier sourire de ma journée.

« L'important, c'est pas de réussir
dans la vie, mais de réussir sa vie. »

Bernard TAPIE

Remerciements

Merci à tous ceux qui m'ont confié leurs souvenirs de Bernard, sans jamais compter leur temps.

Merci à ces inconnus que je croise et qui me parlent de lui quand ils entendent mon nom.

Merci à ceux qui m'ont soutenue, à ma mère pour sa lecture attentive, à mes proches d'avoir su ne pas trop poser de questions.

Merci à mon amie, Fanny, d'avoir pris la photo de couverture de mon livre, à mes sœurs pour leur bienveillance infinie, à Nathalie de m'avoir aidée à décrypter la personnalité si complexe de mon personnage, à Gabrielle, Patrick et Marie pour leur énergie contagieuse, à mon éditrice Frédérique pour sa patience et sa délicatesse, à Sofia et Caroline qui ont été l'étincelle.

Merci à mes enfants d'avoir respecté mon isolement, à Laurent, mon mari, pour la précision de sa mémoire quand la mienne défaillait.

Et merci surtout à Bernard, de m'avoir encouragée à écrire ce livre. Et à écrire tout court.

Composition et mise en pages
Nord Compo à Villeneuve-d'Ascq

Pour plus d'information :
www.lisez.com
Imprimé sur du papier issu de forêts gérées durablement.

CET OUVRAGE
A ÉTÉ ACHEVÉ D'IMPRIMER
SUR ROTO-PAGE
PAR L'IMPRIMERIE FLOCH
À MAYENNE EN AOÛT 2024

N° d'impression : 105366
Imprimé en France